Spuren der Geschichte

Wegweiser

Mittelrhein

Wegweiser Mittelrhein

von
Wolfgang Brönner, Franz-Josef Heyen,
Gabriela Fürstin zu Sayn-Wittgenstein-Sayn
herausgegeben
durch den Rheinischen Verein
für Denkmalpflege und Landschaftsschutz

Heft 11
Franz-Josef Heyen
Spuren der Geschichte

Umschlagfoto:
Deutsches Eck Koblenz mit den Flaggen der Bundesrepublik Deutschland und der 16 Bundesländer

Spuren der Geschichte

von
Franz-Josef Heyen

Görres Verlag

Diese Veröffentlichung wurde durch ideelle Unterstützung, aktive Mitarbeit sowie finanzielle Zuschüsse und Spenden ermöglicht, namentlich der Stiftung Rheinland-Pfalz für Kultur sowie der Landkreise bzw. deren (Kreis-)Sparkassen Ahrweiler, Altenkirchen, Cochem-Zell, Mayen-Koblenz, Neuwied, Rhein-Hunsrück (Simmern), Rhein-Lahn (Bad Ems), Westerwald (Montabaur) und der Stadt Koblenz.

ISBN 3-920388-77-1

Herstellung: Görres-Druckerei GmbH, Koblenz

Vorwort der Herausgeber

Die auf zunächst elf Hefte konzipierte, aber erweiterungsfähige Reihe eines „Wegweisers“ zu Städten und Denkmalen der Geschichte und der materiellen Kultur am nördlichen Mittelrhein will Besuchern und Gästen unseres Landes, aber ebenso allen einheimischen und zugezogenen Bewohnern, die an den über die Jahrtausende hin überlieferten Zeugnissen vom Leben der Vorfahren interessiert sind, diese Region als solche erschließen und in ihren Gemeinsamkeiten und Besonderheiten bewußt machen. Wir haben dieses Handbuch deshalb nicht nach Orten oder (modernen) Verwaltungseinheiten gegliedert und die einzelnen Beiträge schön ins Alphabet gestellt, sondern sie nach thematischen Zusammenhängen geordnet, sei es chronologisch (z. B. „Römerzeit“), sei es nach Stilformen („Romanik“), sei es nach Sachthemen („Industrie und Technik“, „Burgen“, „Museen“). Der Besucher der romanischen Kirchen in Andernach oder Boppard z. B. sollte an den Kontext der Bauten in Koblenz, Laach, Limburg und auch z. B. Güls erinnert sein und womöglich zu diesen Vergleich herausarbeitenden Fahrten angeregt werden, um so das Typische wie das Spezifische zu erkennen. Wir meinen, daß dies vor allem auch jüngere Menschen zu intensiverer Beschäftigung mit einem konkreten Thema anregen und damit auch die Beschäftigung mit einer Epoche (am Beispiel der kleinteiligeren Region) und mit der wechselseitigen, aber auch übergreifenden Beeinflussung einer Landschaft unterstützen kann. Daß dies auch helfen kann und soll, ein die Maßstäbe leicht verlierendes Kirchturmsdenken zu überwinden, sei gerne zugestanden. Wer – um beim Beispiel zu bleiben – in Andernach oder Boppard zu Besuch ist oder als einheimischer Bewohner dort lebt, wird mit unserem Wegweiser natürlich punktuell nur z. B. römische Hinterlassenschaft besichtigen, aber er wird das Einzelobjekt in den großen Zusammenhang stellen und – über die Region Mittelrhein hinaus – auch an Rom oder Trier denken. Ähnlich will z. B. auch der Band über Stätten und Spuren der Geschichte über das konkret behandelte historische Ereignis hinaus auf die weiten Zusammenhänge historischer Epochen der rheinischen Lande, Deutschlands oder Europas hinweisen. Die Bändchen dieser Reihe sind gewiß geeignet, so manch einem kleineren oder größeren Ausflug ein attraktives Ziel zu geben. Bei häufigerem Gebrauch wird man aber die Erfahrung machen, daß die vielen Einzelerlebnisse und Eindrücke quer durch die Epochen und Themen zu dem Bild einer reichen Kulturlandschaft zusammenwachsen.

Mit der Bestimmung des zu erfassenden und zu beachtenden Raumes haben wir uns für das Gebiet des „nördlichen Mittelrheins“ entschieden, sind uns freilich sehr wohl bewußt, daß dies nur bedingt eine historisch gewachsene, klar umgrenzbare Landschaft ist, sondern eher eine „Brückenlandschaft“, freilich nicht im Sinne der bloßen Vermittlung und Weitergabe, sondern ebenso der unmittelbaren Beeinflussung durch die unstreitig stärkeren kulturellen Zentren der Nachbarschaft im Westen, Norden und Süden. Wir haben deshalb im wesentlichen das Gebiet des derzeitigen Regierungsbezirks Koblenz mit Ausnahme der Landkreise Birkenfeld und Bad Kreuznach als Bearbeitungszeitraum umschrieben, haben es aber den Autoren freigestellt, für ihr spezielles Thema dieses Gebiet zu überschreiten oder auch einzugrenzen. Auch dies ist ja letztlich eine historische Aussage. Wir sind uns freilich bewußt, daß hier – wie auch bei der Auswahl (und damit einer unumgänglichen Beschränkung) der Objekte innerhalb des Raumes – Wünsche offen geblieben sind und Kritik einsetzen mag; bei guter Resonanz kann man in Neuauflagen vieles ja auch noch besser machen.

Wir geben diesen Wegweiser als Experiment aus der Hand. Vielen haben wir für Mitarbeit, Unterstützung und Ermunterung zu danken: Zuerst und vor allem den Autoren, die ihr Wissen und ihre fachliche Kompetenz in dieses Projekt eingebracht haben, sowie dem Landesvermessungsamt in Koblenz für die Erstellung der jedem Heft beigegebenen Karten und dem Landesmedienzentrum in Koblenz für die Bereitstellung zahlreicher Abbildungen. Sodann dem Verlag, der ein gut Teil des unternehmerischen Risikos trägt, dem Rheinischen Verein für Denkmalpflege und Landschaftsschutz, der die Veröffentlichung in seine Obhut genommen hat, der Stiftung für Kultur des Landes Rheinland-Pfalz, die durch einen namhaften Zuschuß einen (wie wir meinen) vertretbaren Verkaufspreis ermöglicht hat, den an anderer Stelle auch namentlich genannten Landkreisen und der Stadt Koblenz bzw. deren (Kreis-) Sparkassen, die die Finanzierung der Redaktionskosten und Honorare übernommen haben, und hier namentlich Herrn Landrat Albert Berg-Winters, der unsere Pläne von Beginn begleitet und uns engagiert ermuntert und unterstützt hat, aber auch allen übrigen Landräten und dem Oberbürgermeister der Stadt Koblenz, die trotz schwieriger Finanzlage uns bereitwillig geholfen haben.

Koblenz, im November 1998

Gabriela Fürstin zu Sayn-Wittgenstein-Sayn
Wolfgang Brönner
Franz-Josef Heyen

Spuren der Geschichte

von
Franz-Josef Heyen

Inhalt

Einführung

Nicht selten ist es nur der Name, der an ein historisches Ereignis erinnert, ein Wort, das übernommen und in seiner sprachlichen Weiterentwicklung als solches kaum noch erkennbar über Jahrhunderte hin weitergegeben wurde, ein Raum, in dem etwas geschah, ohne daß ein vor Ort noch sichtbares Zeugnis von damals erhalten blieb. Hier setzt Erinnerung ein, Memoria, Gedächtnis. Limes, Wernerkapelle, Mons Tabor/Montabaur, Emser Depesche, ein Wiesenlager.

Nur der Mensch hat über die Generationen hinweg Erinnerung, Wissen um Herkunft und Vergangenes, ist fähig zur Ortsbestimmung der Gegenwart aus Leistung, Erfolg, Verfehlung und Schuld des vor Jahrzehnten und Jahrhunderten Geschehenen. Aber in dieser Erinnerung – und nur in ihr – gewinnen und behalten diese Ereignisse, die Vereinbarungen und auch die Wert-Vorstellungen der Vorfahren und nicht zuletzt die Frauen und Männer dieser zurückliegenden Zeiten selbst ihre fortwirkende Existenz: sei es als Verpflichtung der Nachgeborenen und Erben, sei es als Angebot an die Gegenwart und die Zukunft.

Solcher Erinnerung möchte dieses Heft des „Wegweisers" dienen. Ausgehend von einem vielleicht als solchem kaum noch erkennbaren Stichwort, einem Objekt, einem Namen, soll das „Damals", das „Früher" benannt und geschildert sein, um sein Fortwirken in unsere Gegenwart bewußt zu machen. Vielleicht auch, damit wir es weiterreichen, tradieren, als Ortsbestimmung und als ethische Verpflichtung in die Zukunft.

Vinxtbach: finis – die Grenze

Römische Epoche
Bad Breisig

In Bad Breisig mündet der ca. 15 km westlich in der Nähe von Ramersbach entspringende kleine „Vinxtbach" in den Rhein. Von lateinisch ad fines = an der Grenze hat der Bach seinen Namen. Und das war die Grenze zwischen den römishen Militärbezirken Ober- und Niedergermanien, die unter Kaiser Domitian um 85 n. Chr. den Status von Provinzen erhielten: der Provincia Germania superior mit dem Vorort Mainz und der Provincia Germania inferior mit dem Vorort Köln. Nach Westen grenzte die Provinz Obergermanien im Bereich des Mittelrheins auf einer Linie etwa in der Höhe von Cochem an die Provinz Belgica mit dem Vorort Trier (→ Heft 2, Römische Epoche).

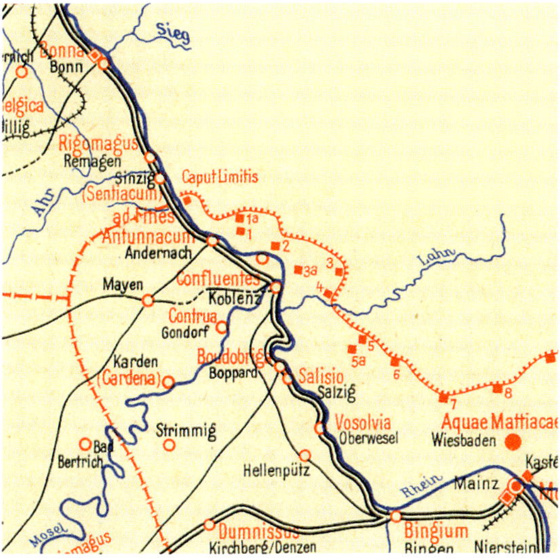

Die Grenzen der römischen Provinzen Obergermanien (Mainz), Niedergermanien (Köln), Belgica (Trier); Verlauf des rechtsrheinischen Limes.

Der Bach mag keine „historische Stätte" in dem hier thematisierten Rahmen sein, aber der bis heute geltende Name Vinxtbach, also „Grenzbach", ist nicht nur ein schönes Beispiel für den Fortbestand von Namen aus der römischen Epoche bis in die Gegenwart. Die Grenze an diesem Bach ist vielmehr für den Raum des nördlichen Mittelrheins deshalb von prägender historischer Bedeutung,

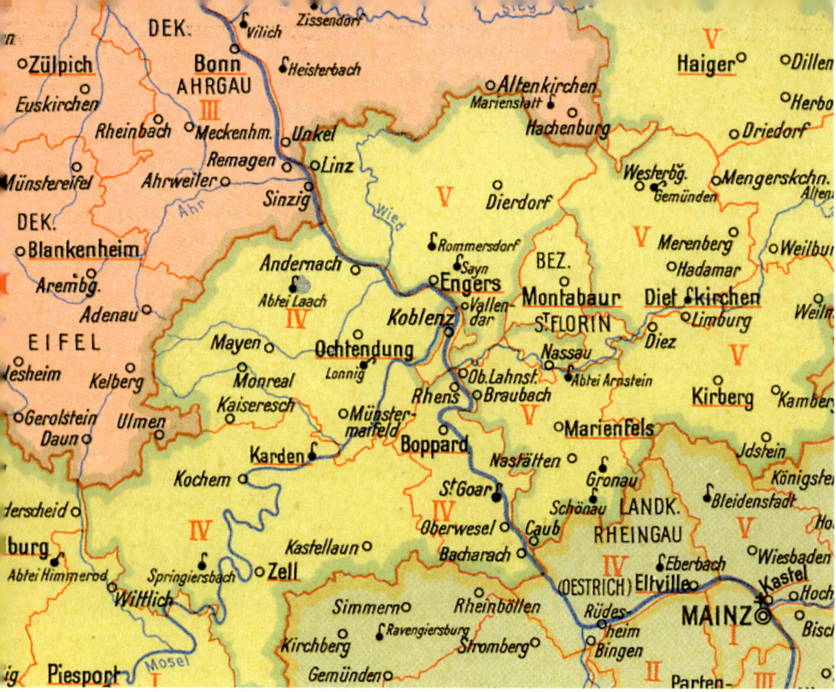

Die Grenzen der Erzbistümer Köln, Trier und Mainz im Mittelalter

weil die Gebiete dieser römischen Provinzen in der spätrömischen Zeit auch die Grenzen der christlichen Diözesen und damit auch von deren „Missionsgebieten" (wenn man das einmal so modern sagen darf) waren, so daß anzunehmen ist, daß das Gebiet am Mittelrhein und an der Untermosel bis zu diesem Vinxtbach zum Bistum Mainz gehörte und von dort missioniert worden ist (wenn es auch strittig ist, inwieweit das „flache Land" schon in spätrömischer Zeit oder erst in frühfränkischer Zeit christianisiert wurde). Ebenso gehörte das Gebiet nördlich des Vinxtbaches zur Diözese Köln. Erst in fränkischer Zeit, als der bischöfliche Stuhl von Mainz vorübergehend verwaist war, scheint Trier seinen Sprengel moselabwärts bis an den Rhein und dann auch darüber hinaus lahnaufwärts bis in den Raum Limburg/Dietkirchen ausgedehnt zu haben. Versuche der Bischöfe von Mainz, im 8. Jahrhundert (unter Bonifatius und Lull) wieder am nördlichen Mittelrhein Fuß zu fassen, scheiterten. Köln dagegen hat seinen alten „römischen" Sprengel behalten, was besagt, daß der Raum der Ahr bis zum Ende des 18. Jahrhunderts zum (Erz)Bistum Köln gehörte.

Der Einfluß Kölns als (weltlicher) Kurstaat reichte noch darüber hinaus, namentllich mit Andernach (erworben 1167) sowie – wenn auch mit weniger gewichtigen und abnehmenden Rechten – mit Rhens und Bacharach. Der Kurstaat Mainz hatte dagegen am nördlichen Mittelrhein eine deutlich schwächere, aber immerhin mit (Ober)Lahnstein eine unübersehbar markante Position. Das ist hier nicht im Detail zu schildern; das Stichwort „Vinxtbach" sollte wenigstens darauf hinweisen, wie langfristig solche Grenzen waren. Dabei mag es offenbleiben, ob die Römer diese Grenze bestimmt haben oder ob auch schon diese an eine ältere Vorgabe anknüpften. Den heutigen Namen jedenfalls haben die Römer dem Bach gegeben.

Genovefa und die Fraukirch

7./8. Jahrhundert
Mendig/Thür

SÜDÖSTLICH von Mendig in der Gemarkungg von Thür, etwas abseits von der Straße zur L 258 (Mayen -Ochtendung), steht (neben einem Gutshof) die Fraukirch, ein Bau des 13. Jahrhunderts, von dem freilich nur noch das Mittelschiff erhalten ist; die baufälligen Seitenschiffe wurden bei einer Renovierung 1840 abgerissen. Bei Grabungen der 50er Jahre wurde festgestellt, daß als Fundamente des erhaltenen Mittelschiffs die der Außenmauern einer frühkarolingischen Saalkirche weiterverwandt wurden. Ob und inwieweit diese außerhalb der heutigen Dorfsiedlungen gelegene Kirche des 7./8. Jahrhunderts, wie es vermutet wurde, an eine ältere (vorchristliche ?) Kultstätte anknüpft, mag dahingestellt sein. Interessanter ist die inzwischen durch Luftbilder gesicherte Feststellung, daß sich unmittelbar neben dem heutigen Hofgebäude eine große römische Gutsanlage (villa rustica) mit Haupthof und Nebengebäuden befand, so daß hier eine Siedlungskontinuität als Einzelhofanlage (im Unterschied zur fränkischen Dorfsiedlung mit mehreren Höfen) von der Römerzeit in die fränkisch/karolingische Epoche (und bis in die Gegenwart) bezeugt ist, wie wir sie insbesondere im Maifeld auch an anderen Stellen kennen. Zu diesem Hof gehörte wohl auch ein 1958 untersuchtes, in der Nähe gelegenes Gräberfeld des 1. nachchristlichen Jahrhunderts und diese frühkarolingische Kirche.

Im Chor der karolingischen Kirche befanden sich nebeneinander drei Gräber, das mittlere unter dem Platz des karolingischen Hochaltars. Mit dem gotischen Neubau der Kirche war auch eine Verlegung des Altares in den neuen Chorraum verbunden. Dabei sollen dann auch die Gräber entdeckt und die darin gefundenen Gebeine erhoben und in dem als Sepulchrum bzw. als Reliquienschrein gestalteten neuen Altartisch sichtbar aufbewahrt worden sein. Als Tag der Wiederauffindung der Gebeine wurde später der 5. Januar als Erinnerungstag (memoria) begangen. Die Altarmensa des 13. Jahrhunderts ist als Unterbau des barocken Altares von 1664 (s. unten) weiterbenutzt, wobei das Sepulchrum auf der Rückseite des barocken Altares einsehbar, heute aber leer ist.

An diese sterblichen Überreste (Reliquien) an bevorzugter Stelle des Kirchenraumes begrabener und somit offensichtlich herausgehobener Personen knüpft die Legende von Genovefa und Pfalzgraf Siegfried an. Sie berichtet (hier unter Weglassung aller Ausschmückungen) folgendes:

Als Pfalzgraf Siegfried zu einem Feldzug gegen die Heiden aufbrach, vertraute er seine Ehefrau Genovefa, die in der Abschiedsnacht schwanger geworden war, dem besonderen Schutz seines Ritters Golo an. Golo aber versuchte, Genovefa zu verführen und für sich zu gewinnen. Genovefa lehnte entrüstet solchen Ehebruch ab, auch nachdem Golo behauptete, Siegfried sei im Kampf getötet worden. Als Siegfried dann unerwartet zurückkehrte, berichtete Golo diesem, seine Ehefrau habe ihn mit einem anderen Mann betrogen und ein Kind geboren. Siegfried war heftig erzürnt und befahl, Genovefa und das Kind im Wald zu töten. Die Knechte, die diesen Auftrag erhielten, töteten Mutter und Kind aber nicht, sondern ließen sie lebend im Wald zurück, berichteten aber ihrem Herrn, seinen Befehl ausgeführt zu haben.

Genovefa und der Knabe lebten im Wald und ernährten sich von Kräutern und Beeren. Anfangs gab eine Hirschkuh Milch für das Kind. Nach langen sechs Jahren und drei Monaten war Pfalzgraf Siegfried in diesem Wald auf der Jagd. Bei der Verfolgung eines Hirsches traf er in einer Höhle auf Genovefa, die er zunächst nicht, dann aber doch an einer alten Narbe im Gesicht und schließlich an ihrem Ehering erkannte. In dem Knaben erkannte er wegen dessen Ähnlichkeit sein Kind. Er war tief bestürzt über das Geschehene und nahm Frau und Kind wieder zu sich auf seine Burg. Golo ließ er mit Armen und Beinen an vier Ochsen fesseln und von diesen in vier Teile zerreißen. An dem Ort, an dem Siegfried Genovefa und sein Kind wiedergefunden hatte, ließ er eine Kirche errichten, in der alle drei nach ihrem Tod begraben wurden.

Soweit die Legende wie sie seit dem 15. Jahrhundert in verschiedenen, wohl auf eine gemeinsame ältere Vorlage zurückgehenden Fassungen überliefert ist. Es wäre aber verfehlt, sie als nur frommes Märchen abzutun, sind doch Legenden im Kern nichts anderes als Erzählungen von irdischen Erlebnissen der behandelten Personen, die im Laufe der sich oft über Jahrhunderte erstrekkenden mündlichen und schriftlichen Weitergabe phantasievoll und verklärend ausgesponnen wurden. Den echten historischen Kern zu erkennen ist die Aufgabe historischer Interpretation und Auswertung.

Die Legende nennt als Gemahl der Genovefa einen Pfalzgrafen Siegfried. Der zweite Gründer des Klosters Laach trägt diesen Namen, doch amtierte dieser Siegfried (von Ballenstädt) 1095–1113 und kann somit nicht als derjenige in Betracht kommen, der unter dem Altar der karolingischen Kirche begraben war. Eine der späteren Fassungen der Legende nennt sodann neben Siegfried noch einen Trierer Erzbischof Hydolf, dessen Palast sich in Ochtendung befunden habe. Einen Erzbischof dieses Namens gibt es nicht, weshalb man einen Chorbischof (wir würden heute eher Hilfs- oder Weihbischof sagen) Hydolf in Betracht gezogen hat; und was den Palast in Ochtendung betrifft, so hat man darauf hingewiesen, daß Ochtendung nicht nur Vorort des weltlichen Pellenzgerichtes, sondern auch Sitz des kirchlichen Landkapitels war. Es könnte also sein, daß man in der Überlieferung die Ämter der handelnden Personen „aufgewertet“ hat und aus einem regionalen kirchlichen Funktionsträger einen Erzbischof und aus einem kleinen, aber mit richterlichen Befugnissen ausgestatteten Ritter einen Pfalzgrafen gemacht hat. Was bliebe, wäre eine kleine Geschichte von ehelicher Treue und einem treulosen „Mitarbeiter“, den eine harte Strafe traf. Der Name Genovefa mag fremd klingen, war aber als der der um 505 gestorbenen, historisch gut bezeugten Patronin von Paris (und später auch Frankreichs) Genovefa (Geneviève) von Paris auch in unserer Region geläufig.

Wie dem auch sei. Spätestens mit der Erhebung der Gebeine um 1260 wurde die Fraukirche zu einer weithin bekannten Stätte der Verehrung dieser einheimischen Genovefa und bald auch zu einem Wallfahrtsort. Der Bau der größeren Kirche läßt sogar darauf schließen, daß dieser Kult schon vorher eingesetzt hatte. Die Fraukirche und das Grab Genovefas blieben Wallfartsstätte bis weit in das 18. Jahrhundert und wieder in jüngerer Zeit; für 1856 sind noch jährlich 64 regelmäßige Prozessionen zur Fraukirche bezeugt.

1664 wurde der aus einheimischem Tuff hergestellte Hochaltar aufgestellt, in dessen Mittelfeld die Genovefa-Legende im Bild dargestellt ist: Siegfrieds Abschied, Genovefa in der Wildnis, die Wiederfindung, die Einweihung der Kirche und die grausige Strafe der Vierteilung des bösen Golo. Neben dem barocken Szenarium eine der herausragenden Werke Eifler Volkskunst.

Siegfried und Genovefa wurden in die Landschaft integriert. Siegfrieds Burg wurde die (erst 1280 vom Trierer Erzbischof Heinrich von Vinstingen erbaute!) Burg Mayen. Eine heute an der Südwand der Fraukirche eingemauerte Doppelgrabplatte des 14. Jahrhunderts mit einem Mann in Ritterrüstung und einer Frau, aber ohne Inschrift, die ursprünglich als Hochgrab im rechten Seitenschiff lag, wurde zum Grabmal Siegfrieds und Genovefas. Als Sterbetag Genovefas galt der 2. April 737, und so fand am Jahrtag (der später auf den Ostermon-

Genovefa-Altar in der Fraukirche. Sandstein, 2. Hälfte 17. Jahrhundert.

tag verlegt wurde) eine seit 1497 bezeugte feierliche Prozession von Mayen zur Fraukirch statt: „mit Allerheiligstem, Traghimmel, dem ganzen Klosterkonvent, Amtmann, Bürgermeister, Schultheiß, Schöffen, Stadtrat und den Bürgern in Harnisch und Waffen mit Pferd und Wagen". Und weil man die Geschichte inzwischen in die bekanntere Kreuzzugszeit verlegt hatte, gab es in Erinnerung an Siegfrieds Teilnahme am Feldzug gegen die Heiden auch ein nachgestelltes Gefecht zwischen Franken und Sarazenen, in dem natürlich die Franken siegten. Bei Ettringen weiß man die Höhle zu zeigen, in der Genovefa mit ihrem Knaben lebte, und an der Straße nach Mendig stand an der Stelle, wo Golo gevierteilt und begraben worden war (er konnte von dort die Turmspitze der Fraukirch sehen), ein Bildstock, das „Golokreuz"; es wurde 1977 gestohlen. Aber auch bei Bassenheim zeigt man den Goloring als die Stelle, an der der Bösewicht verurteilt wurde . . .

842
Koblenz, St. Kastor

Karls Enkel teilen

KARL der Große war am 28. Januar 814 gestorben und in Aachen begraben worden. Nachfolger und Erbe wurde sein Sohn Ludwig, der den Beinamen der Fromme erhielt. Er starb am 20. Juni 840 in Ingelheim und wurde in Metz begraben. An seinem Sterbelager in Ingelheim war der Trierer Erzbischof Hetti dabeigewesen.

Ludwig hatte am Rheinufer vor Koblenz – Koblenz war zur Römerzeit und im Mittelalter eine nach der Mosel orientierte Siedlung –, sehr wahrscheinlich auf einer hochwasserfreien Insel, eine Kirche errichten lassen, die Erzbischof Hetti 836 weihte und in die er aus Karden an der Untermosel (den größeren Teil der) Gebeine des heiligen Kastor übertrug. Auch Kaiser Ludwig hatte kostbare Reliquien aus dem Fundus der Aachener Pfalzkapelle beigesteuert. Die Betreuung dieser neuen, dem heiligen Kastor geweihten Kultstätte wurde einer Klerikergemeinschaft übertragen, die wohl damals schon eine stiftische Verfassung erhielt (→ Heft 6, Klöster und Stifte).

Ludwig hinterließ drei erbberechtigte Söhne, nämlich Lothar und Ludwig aus erster Ehe und Karl aus der zweiten Ehe mit Judith. Zwischen diesen und deren Gefolgschaft brach schon bald Streit aus wegen des Erbes. Die „Einheitspartei", der zunächst auch Ludwig der Fromme zugehörte, wollte an der Einheit des Reiches Karls und Ludwigs, des Regnum Francorum, festhalten und nur einen der Nachkommen als Erben und Nachfolger anerkennen. Die „Traditionalisten" dagegen, wie wir sie hier einmal nennen wollen, traten für das ererbte germanisch-fränkische Recht der Teilung unter allen erbberechtigten Nachkommen ein.

Ludwig selbst hatte seinem ältesten Sohn Lothar (neben Pippin und Ludwig) Priorität für den Kernraum des Reiches mit den Zentren Aachen und Metz und den karolingischen Stammlanden (der Begriff „Heimat" wäre für diese Zeit sicher noch falsch) im Raum der Maas, von Ardennen und Eifel, sowie die Lande von der Nordsee über den Raum zwischen Maas, Mosel und Rhein, mit Burgund, der Lombardei und Mittelitalien bis hin nach Rom zugesprochen. Noch zu Lebzeiten des Vaters war Pippin gestorben. Aber als der Kaiser dann 823 von seiner zweiten Frau Judith noch einen Sohn bekam, der den Namen Karl erhielt, war er - nicht zuletzt auch auf Drängen Judiths – bemüht, diesem mit dem Gebiet westlich von Rhône, Saône und Maas ein besonders gutes Stück am Erbe zu sichern. Definitiv geregelt war beim Tod des Vaters freilich noch nichts. Es mußte verhandelt (oder gekämpft) werden.

So trafen sich vom 19. bis 24. Oktober 842 in Koblenz in der neu errichteten St.-Kastor-Kirche Bevollmächtigte der drei Brüder, nämlich Lothars, Ludwigs (den man erst sehr viel später „den Deutschen" nannte) und Karls (den Kahlen). Verhandlungsgegenstand war ein Vertrag über die Teilung des Reiches des Vaters Ludwig und damit praktisch identisch des Großvaters Karl des Großen. Die „Einheitspartei" hatte sich somit nicht durchsetzen können. Eine Einigung kam aber in Koblenz nicht zustande. Wie man sagt, weil keine ausreichenden Unterlagen über den wirtschaftlichen Ertrag der einzelnen Teile des Reiches vorlagen und insoweit keine einvernehmliche Umgrenzung

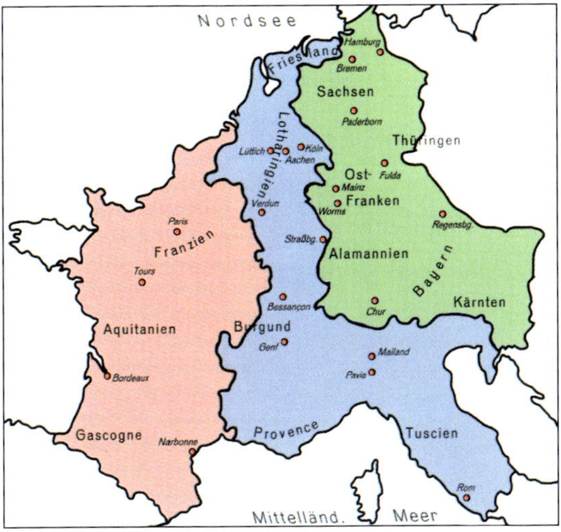

Teilung des Frankenreiches im Vertrag von Verdun 843.

der drei Teilgebiete vereinbart werden konnte. Die „Verwaltung" (die zur Zeit Karls und Ludwigs durchaus um einen guten Überblick bemüht gewesen war) hatte also schlechte Vorarbeit geleistet. So blieb nur die Alternative zwischen Abbruch der Verhandlungen (und das heißt Konflikt), Bildung eines Ausschusses mit Experten (was wenig Sinn machte, weil ohnehin nur Delegationen beisammen waren) oder Vertagung und Neuverhandlung. Man entschied sich für Vertagung um ein Jahr und neue Zusammenkunft an einem neuen Tagungsort, nämlich Verdun.

In Verdun wurde am 11. August 843 dann der Teilungsvertrag unterzeichnet. Lothar erhielt das Mittelreich, das später in wesentlich kleinerem Umfang Lotharingien genannt wurde und wovon wiederum das heutige Lothringen nur ein kleiner Rest ist. Karl erhielt, wie es der Vater vorgesehen hatte, das stattliche Westreich und Ludwig das Ostreich mit einer Vielzahl nichtfränkischer Stämme.

Nur am Rande sei notiert, daß Ingelheim (mit der damals wichtigen Pfalz) zum Ostreich kam. Der Rhein bildete hier am südlichen Mittelrhein also nicht die Grenze zwischen dem Mittelreich Lothars und dem Ostreich Ludwigs. Vielmehr wurde ein linksrheinischer Teil (wir würden heute sagen mit Rheinhessen und der östlichen Pfalz) dem Ostreich zugewiesen – wie ausdrücklich überliefert ist: wegen des Weines, propter vineam; Lothar konnte dem gewiß zustimmen, waren ihm doch die guten Lagen am nördlichen Mittelrhein und an der Mosel geblieben. Trier, Koblenz, Aachen, Köln gehörten zum Mittelreich, zum späteren Lotharingien, Bingen, Mainz, Worms und Speyer zum Ostreich.

Diese Teilung von 842/43 wird heute gerne als Gründungsakte der Nationalstaaten Frankreich und Deutschland interpretiert. Das ist so gewiß falsch. Es war eine Teilung innerhalb einer Familie bzw. einer Sippe, nämlich der Erben Karls, und insoweit einer Gemeinschaft, die als solche im Bewußtsein ihrer Träger und deren Gefolgschaft noch über Jahrhunderte hin fortbestand. Wir sollten dieses Bewußtsein reaktivieren.

Die weitere Geschichte ist hier nicht im Detail nachzuzeichnen. Kaiser Lothar starb am 29. September 855 in Prüm in der Eifel und ist in der dortigen Abteikirche begraben. Sein – erst nach seinem gleichnamigen Sohn Lotharingien benanntes – Mittelreich blieb für rund 70/80 Jahre Objekt von Einflußnahmen und Erbansprüchen der westlichen und östlichen Verwandten. 860 war noch einmal in der St.-Kastor-Kirche in Koblenz ein Friedensvertrag der Brüder beeidigt worden; übrigens ein weiteres Zeugnis für die Bedeutung, die der Siedlung am Zusammenfluß von Rhein und

Mosel und dieser St.-Kastor-Kirche als im Erbe des Karolingerreiches zentral gelegener Ort damals beigemessen wurde. Aber schließlich konnte sich das Ostreich nach dem Tod des letzten Karolingers im Mittelreich durchsetzen und Lotharingien (zunächst als neues Herzogtum) für fast 800 Jahre als

Lotharingien und die daraus gebildeten Herzogtümer Nieder- und Oberlothringen.

Teil des später so genannten „Heiligen Römischen Reiches Deutscher Nation" behaupten.

Das Westreich Karls des Kahlen hielt am Stammesnamen „Regnum Francorum", Reich der Franken, fest und heißt bekanntlich noch heute Frank(en)reich. Ihre Verwandten im Osten nennen diese Franken/Franzosen bis heute nach dem anderen unmittelbar angrenzenden germanischen Stamm Allemannen, Allemagne. Und die „Residenz" Karls des Großen, Aachen, Aix-la-Chapelle, ist auch Teil der Geschichte Frankreichs.

St. Kastor in Koblenz ist so für zwei Jahrzehnte des 9. Jahrhunderts historische Stätte in europäischer Dimension. Es sei hier aber auch daran erinnert, daß wir nach den letzten beeindruckenden Ergebnissen der Grabungen im Chorbereich der heutigen Kirche wissen, daß dieser Platz mit einem gut bezeugten Gehöft und zwei Arbeitshäusern, davon eines vielleicht als Webhaus, in die vorrömisch-keltische Epoche des 6. bis 4. Jahrhunderts vor Chr. zurückreicht, daß hier in frührömischer Zeit ein kleiner Umgangstempel stand, der wohl im 3. Jahrhundert aufgelassen wurde, und auf dessen Gelände sich im 7. Jahrhundert der Friedhof eines in der Nähe gelegenen Hofes befand, von dem die Gräber in fast einmaliger Dichte die Bevölkerungsstruktur einer Großfamilie über mindestens drei Generationen schildern (→ Heft 1, Vorgeschichte, und Heft 2, Römerzeit).

997–1063
Klotten/Mosel

Richeza Königin von Polen

In Polen hat man ihr und ihrem Sohn Kasimir vor wenigen Jahren eine Briefmarke gewidmet und Polen besuchen ihr Grab im Kölner Dom. Daß sie einige Jahre in Klotten an der Untermosel – nach moderner Terminologie: im Exil – lebte, ist an Rhein und Mosel auch unter Historikern nur Mediaevisten bekannt. Wer war diese Frau?

Richeza wurde in den Endjahren des 10. Jahrhunderts, um 997/98, geboren. Ihre Eltern gehören zum vornehmsten Adel der Zeit. Der Vater Ezzo war seit 985/89 lothringischer (rheinischer) Pfalzgraf. Wohl um 991 hatte er die damals vielleicht 12/13 Jahre alte Mathilde geheiratet, die Tochter Kaiser Ottos II. und der byzantinischen Prinzessin Theophanu. Spötter erzählten, Ezzo habe Mathilde beim Brettspiel mit deren Bruder, dem späteren Kaiser Otto III., gewonnen, womit angedeutet sein sollte, daß diese Eheverbindung bei allem Respekt vor der Herkunft Ezzos doch recht ungewöhnlich war.

Ezzo und Mathilde (gest. 1025) hatten zehn Kinder: drei Söhne und sieben Töchter, darunter unsere Richeza. Von den Söhnen starb der ältere Ludolf schon 1031 vor dem Vater, der zweite, Otto, folgte dem Vater als Pfalzgraf und erhielt 1045 das Herzogtum Schwaben, starb aber 1047 ohne Nachkommen, so daß mit ihm die Erbfolge abbrach. Der dritte Sohn Hermann wurde 1036 Erzbischof von Köln und hat als solcher einen angesehenen Platz in der Kölner Bischofsreihe. Von den sieben Töchtern hat nur Richeza geheiratet. Die sechs anderen traten in Klöster oder Stifte ein und erhielten dort meist Amt und Würde der Äbtissin, so Adelheid in Nivelles, Heilwig in Neuss, Ida in St. Maria im Kapitol in Köln, Theophanu in Essen und Gerresheim, Mathilde in Dietkirchen bei Bonn und Vilich, Sophie in St. Maria in Mainz. Ihre Namen stehen allesamt für umfassend gebildete Frauen, die den Konventen bzw. Kapiteln ihrer Häuser kraftvoll vorstanden, in hohem Ansehen standen und bedeutende Baumaßnahmen durchführten. In diese Familie gehört Richeza, Enkelin also eines deutschen Kaisers und einer byzantinischen Prinzessin, eine stolze, selbstbewußte Adlige.

1013 wird Richeza in Merseburg mit Mieszko, Sohn des Polenherzogs Boleslaw Chrobry aus dem Geschlecht der Piasten, vermählt. Man hat darüber spekuliert, ob bereits im Jahre 1000, im Zusammenhang mit den Verhandlungen um die Gründung des Erzbistums Gnesen, mit einer Ehe auch familiäre Beziehungen zwischen dem deutschen und dem polnischen Herrscherhaus angestrebt worden seien. Jedenfalls steht hinter dieser Ehe – die natürlich keine Liebesheirat war (wie sollte sie

Briefmarken der Polnischen Postverwaltung mit Königin Richeza und König Kasimir

auch), sondern eine „politische" Ehe zwischen zwei Dynastien – das Motiv eines auf „Verwandtschaft" begründeten harmonischen Verhältnisses zwischen dem Reich der Deutschen und dem der Polen. Heute wissen wir, daß diese vielhundertjährige Nachbarschaft zwischen Polen und Deutschland harmonische Zeiten und solche harter Disharmonien, Freundschaft und Feindschaft, viel Leid, gegenseitige tiefste Demütigung und Haß, aber auch immer wieder den Willen zur Aussöhnung und zum Miteinander gebracht hat, weil das nachbarschaftliche Zu- und Miteinander unausweichliches Schicksal dieser Völker ist. Die Ehe Richezas und Mieszkos steht an den Anfängen dieser Nachbarschaft.

Richeza war damals vielleicht 14 Jahre alt, Mieszko wohl 24. Am 25. Juli 1016 wurde der Sohn Kasimir geboren, von dem noch zu sprechen sein wird. Von zwei Töchtern hat später Gertrud den russischen Großfürsten Izjazlaw von Kiew geheiratet. Sehr wahrscheinlich hat diese Gertrud eine im Auftrag des Trierer Erzbischofs Egbert angefertige kostbare Psalter-Handschrift mit nach Kiew genommen; sie befindet sich heute in Cividale in Friaul. Die andere Tochter, die wahrscheinlich wie die Mutter Richeza hieß, war mit Bela von Ungarn verheiratet und ist somit die Ahnfrau der Könige von Ungarn.

Die Ehe zwischen Richeza und Mieszko war nicht frei von Problemen. Sicher ist, daß Mieszko eine Konkubine hatte, die ihm mehrere Söhne gebar, die später gegenüber Richezas Sohn Kasimir Erbansprüche stellten. Es ist auch wohl so, daß es Richeza schwer fiel, sich den ihr fremden anderen Sitten und Gebräuchen im Umfeld ihres Mannes anzupassen. Hinzu kommt, daß sich auch das Verhältnis zwischen Boleslaw, der sich 1025 zum König von Polen krönen ließ, und Kaiser Heinrich II. schwieriger gestaltete; bis hin zu kriegerischen Auseinandersetzungen. Da nimmt es kaum wunder, daß eine ohnehin latent vorhandene antideutsche, nämlich slawisch-polnische, und antichristliche, nämlich dem alten Glauben verbundene, Opposition zunehmend an Einfluß gewann, den die deutsche Prinzessin vom Rhein offensichtlich nicht neutralisieren konnte (wenn sie es überhaupt versucht hat).

Die einzelnen Etappen dieser Spannungen im Inneren wie nach außen sind hier nicht zu schildern. Nach Boleslaws Tod 1025 folgte ihm Mieszko, der mit Richeza im gleichen Jahr zum König bzw. zur Königin von Polen gekrönt wurde. Mieszko starb am 10. Mai 1034. Die Opposition, der auch die Konkubine Mieszkos und deren Söhne angehörten, gewann die Oberhand: Richeza wurde vertrieben und bald mußte auch Kasimir Polen verlassen. Erst als der Halbbruder Boleslaw 1037 starb, konnte Kasimir 1039 zurückkehren. Seine Mutter habe ihm abgeraten, zu dem treulosen und noch heidnischen Volk zurückzukehren, zumal ihm ein umfangreiches mütterliches Erbe zur Verfügung stehe und er Aussicht auf die Verleihung eines Herzogtums durch den Kaiser habe. Kasimir soll geantwortet haben, daß man „kein Erbteil der Oheime oder der Mutter mit mehr Recht und Ehre besitzen werde als das des Vaters“.

Kasimir gelang es, Polen zu befrieden und zu stabilisieren. In der polnischen Geschichtsschreibung ist er der „Erneuerer Polens“, der Restaurator

Poloniae. Kasimir heiratete Dobronega, die Schwester Jaroslaws von Kiew. Er starb 1058.

Richeza ist nicht mehr nach Polen zurückgekehrt. Ihre Aufenthaltsorte nach ihrer Vertreibung 1034 sind nicht genau bekannt; jedenfalls war sie auch auf ihren (pfalzgräflichen) Besitzungen in Klotten an der Untermosel (mit der Burg Coraidelstein über Klotten und mit Cochem), wo sie um 1040 eine dem hl. Nikolaus geweihte Kapelle erbaute. Die Wahl dieses Patroziniums ist gewiß eine bewußte Erinnerung an die Großmutter Theophanu, die den Kult des byzantinischen Heiligen Nikolaus von Myra, der im griechischen Osten als Hyperhagios verehrt wurde, im Westen bekannt gemacht hat. Nach der lokalen Überlieferung

Bild der Richeza auf der Steintafel des zerstörten Grabmals in St. Maria ad gradus in Köln. 15. Jahrhundert.

wohnte Richeza in einem Turm gegenüber der Kapelle, der mit dieser durch einen überdachten Gang verbunden gewesen sei. Die am westlichen Ortsausgang des alten Dorfteiles gelegene Kapelle und Teile des ehemaligen Propsteigebäudes der Abtei Brauweiler (dazu weiter unten) wurden durch einen Bombenangriff am 15. August 1944 zerstört; ein Portalsturz dieser Kapelle, der vielleicht noch aus Richezas Zeit stammt, ist in die Schulhofmauer eingelassen. Ob der bei der Vertreibung 1034 achtzehnjährige Kasimer und die beiden jüngeren Schwestern im Exil in Klotten bei der Mutter lebten, ist nicht bekannt, darf aber – zumindest zeitweise – angenommen werden.

Richeza starb am 21. März 1063 in Saalfeld. Schon 1047 war ihr Bruder Otto gestorben, dem sie offensichtlich eng verbunden und der auch ihre Stütze gewesen war. 1056 starb Erzbischof Hermann, 1058 der Sohn Kasimir. Als Grabstätte hatte Richeza, wie es ganz natürlich war, die von den Ezzonen auf altem Besitz als Hauskloster und Familiengrabstätte gegründete Benediktinerabtei Brauweiler nordwestlich von Köln bestimmt und dieser auch ihren Besitz in Klotten übereignet. Erzbischof Anno von Köln (1056–1075), der Nachfolger Hermanns, hat das hintertrieben, indem er Richeza in dem von ihm gegründeten Stift St. Mariengraden in Köln begraben ließ und behauptete, Richeza habe verfügt, daß der Besitz Klotten an die geistliche Institution fallen solle, in deren Kirche sie begraben werde. Erst 1090 gelang es der Abtei Brauweiler, ihre Rechte an Klotten durchzusetzen; Richeza blieb in St. Mariengraden und wurde später sogar als Nichte Annos bezeichnet. Als diese Kirche nach der Aufhebung des Stiftes im Verlauf der Säkularisation abgebrochen wurde, wurden die Gebeine Richezas in die Johanniskapelle des Domes überführt. Vom alten Sarkophag sind noch zwei Tafelgemälde auf Schiefer vom Anfang des 15. Jahrhunderts erhalten, die Königin Richeza und Erzbischof Anno zeigen.

Literatur: Marlene Nikolay-Panter, Königin Richeza. Rheinische Lebensbilder 12. 1991 S. 25–46.

um 1020/40
Hammerstein

Irmgard und Otto von Hammerstein

AUCH heute noch prägt der Felskegel der Burg Hammerstein weithin das Bild des Rheinabschnittes zwischen Rheinbrohl, Leutesdorf und Andernach. Die Burg wurde wohl schon im 10. Jahrhundert von den Konradinern erbaut, die in dieser Zeit das mächtigste Geschlecht auch am nördlichen Mittelrhein und auf bestem Wege waren, an der Lahn und im Raum nördlich von Koblenz einen eigenen Machtbereich aufzubauen. Der diesem Geschlecht der Konradiner angehörende Otto, Graf des Engersgaues, nannte sich zuerst nach dieser Burg.

Dieser Graf Otto von Hammerstein heiratete Irmgard, die Tochter des Grafen Gottfried von Verdun. Gegen diese Eheschließung erhob jedoch Kaiser Heinrich II. Einspruch, formal wegen zu naher Verwandtschaft (nach kanonistischer Zählung) der Ehepartner, tatsächlich aber wohl in der Absicht, die Machtstellung des Paares (und dessen Familie) am Rhein, in der Wetterau und in Franken zu brechen bzw. deren Ausbau zu verhin-

Burg Hammerstein

dern. Otto und Irmgard aber lehnten es ab, sich zu trennen. Es kam zu jahrelangen Auseinandersetzungen und Prozessen um diesen „Ehehandel von Hammerstein", die im Detail hier nicht darzustellen sind: 1018 Exkommunikation des Paares, 1020 Belagerung und Einnahme der Burg durch den Kaiser, Verzichtleistung Ottos, Anerkennung der Ehe durch Papst Benedikt VIII., dagegen aber Erzbischof Aribo von Mainz. Bis schließlich Kaiser Konrad II. die Gültigkeit der Ehe anerkannte. Otto starb 1036, Irmgard 1042.

Es war eine politische Auseinandersetzung zwischen dem König und einer auf ihre Selbständigkeit bedachten Adelsfamilie. Als Argumente dienten wie so oft interpretierbare weltlich-juristische und kirchlich-kanonistische Kriterien. Aber bei all dem gab schon den Zeitgenossen das Zusammenhalten von Otto und Irmgard der Auseinandersetzung eine perönlich Note.

Die Burg war nach der Eroberung 1020 an das Reich gefallen und wohl zerstört worden, wurde aber 1071 von Kaiser Heinrich IV. wiederhergestellt. Von 1105 bis 1125 wurden hier die Reichskleinodien aufbewahrt, eine Funktion, die dann für anderhalb Jahrhunderte dem Trifels (bei Annweiler in der Pfalz) zufiel.

Zur Geschichte der Burg → *Heft 5, Burgen.*

Spuren der Kreuzzüge

13. Jahrhundert

AUCH die Kreuzzüge des Mittelalters sind – wie so manches andere Ereignis rheinischer, deutscher und europäischer Geschichte – der Revision unseres Geschichtsbildes, unserer Erinnerung also, unterworfen, wobei es meist nicht um das „wie es gewesen ist" geht, sondern primär um die Aufdeckung von Fehlverhalten und Schuld (von der man sich distanziert und damit zugleich Herkunft und Vergangenheit verliert). Darum aber soll es hier nicht gehen. Es soll lediglich an einigen Beispielen auf noch erkennbare, lesbare Spuren dieser alle

Schichten der Bevölkerung Europas vom 11. bis zum 13. Jahrhundert erfassenden Bewegung hingewiesen sein. Wir beschränken uns dabei auf die als Kreuzzüge im engeren Sinne zusammengefaßten bewaffneten Unternehmungen zur Rückgewinnung oder Verteidigung der Heiligen Stätten Palästinas und namentlich Jerusalems. Im weiteren Sinne waren Kreuzzüge auch bewaffnete Unternehmungen gegen Heiden und Andersgläubige (z. B. Islam auf der Iberischen Halbinsel/sogenannte Reconquista; auch in Osteuropa: Wenden – „Mission", Prußen/Deutscher Ritterorden) und gegen Häretiker (z. B. Albigenser in Südfrankreich) und Schismatiker (hier im 4. Kreuzzug gegen Konstantinopel; dazu unten). Mit dem Krieg (als bellum iustum, gerechter Krieg, im Sinne des Augustinus, bis hin zur Idee des Heiligen Krieges) war meist auch die Intention einer Wallfahrt (peregrinatio) als Bußübung verbunden. Doch auch handfeste wirtschaftliche Interessen (Handel) und eine Portion Abenteuerlust sind unverkennbar. Der Name besagt, daß man mit der Zusage (Gelöbnis), an einer Expedition teilzunehmen, als sichbares Zeichen „das Kreuz nahm" und ein Kreuz an der Kleidung trug.

Bei den nachstehenden Angaben nennen wir die klassische Zählung der Kreuzzüge, auch wenn diese heute umstritten ist. Eine Schilderung aller Züge ist nicht Sache dieses Beitrages.

Montabaur

Mons Tabor

DA ist Montabaur, die Kreisstadt im Westerwald, 20 km nordöstlich von Koblenz, einst kurtrierische Amtsstadt und demnächst ICE-Station der Neubaustrecke Köln–Frankfurt. Der Name ist die mundartlich verkürzte und voll eingedeutschte Form des lateinischen Mons Tabor – Berg Tabor. Ursprünglich hieß die seit dem 10. Jahrhundert bezeugte Siedlung und die auf einer kleinen Basaltkuppe erbaute Burg Hunbach/Humbach (wohl von germanisch hun = schlammig, morastig, braun). Der Trierer Erzbischof Dieter von Wied (1212–1242) ließ die verfallene Burg wiederherrichten und nannte sie nun – nach der Rückkehr seines Bruders vom 5. Kreuzzug 1217/21 oder von einer Pilgerfahrt ins Heilige Land 1223/24 (?) – nach dem im Kreuzzug von 1217 erbittert umkämpften Berg Tabor. 1227 ist der Name Muntabur überliefert und 1319 heißt die 1291 mit Stadtrechten ausgestattete Siedlung „Humbach, quae nunc Monthabur appelatur".

Der Tabor (= der Berg) in Galiläa (südwestlich von Tiberias/See Genezareth) ist eine alte, wahrscheinlich schon vor-israelische Kultstätte. In der christlichen Tradition wird seit dem 4. Jahrhundert die Verklärung Jesu (Markus 9, 2–10; im Beisein von Petrus, Jakobus und Johannes wird Jesus verklärt und es erscheinen Moses und Elias) hier lokalisiert, nach anderer Tradition auch eine Erscheinung Jesu nach der Auferstehung.

Burg Thurandt

Alken/Mosel

DIE Burg Thurandt über Alken an der Untermosel wird um 1200 von Pfalzgraf Heinrich, einem Sohn Heinrichs des Löwen und Bruder Kaiser Ottos IV. (1198–1215), zur Sicherung seines Moselbesitzes erbaut. Er nennt sie nach der syrischen Festung Toron in der Nähe von Tyros (Tyr, heute Sur, an der Südgrenze des Libanon, nördlich von Akko, das zeitweise Sitz des Königreiches Jerusalem der Kreuzfahrer war), die im Kreuzzug Barbarossas 1190/91 heftig umkämpft war, aber nicht eingenommen werden konnte.

Zur Bedeutung der 1209 erstmals genannten Burg in der Territorialgeschichte des mittelrheinischen Raumes vgl. weiter unten.

Heinrich von Ulmen

Ulmen

DER profilierteste Teilnehmer der Kreuzzüge aus unserer Region ist der Ritter Heinrich von Ul-

Das „Lateinische Kaiserreich Romania".

men. Er gehörte zu jenem 4. Kreuzzug, zu dem Papst Innozenz III. 1198 aufgerufen hatte, der aber zunächst nur mäßige Resonanz fand. Versammlungsplatz war Venedig; aus dem rheinischn Raum werden neben Heinrich von Ulmen u. a. Graf Bertold von Katzenelnbogen, Graf Dieter von Diez und Wirich von Daun genannt. Von Venedig aus wollte man man per Schiff ins Heilige Land aufbrechen. Dazu kam es dann aber nicht. Zunächst ließ man sich (zur Finanzierung des Schiffstransportes) von den Venezianern überreden, diesen die von Ungarn beherrschte und dem Handel Venedigs hinderliche Stadt Zadar in Dalmatien zu erobern, und dann fand man sich – jedenfalls in der Mehrzahl – dazu bereit, in Auseinandersetzungen rivalisierender Gruppierungen des Byzantinischen Kaiserhauses (die hier nicht im Detail geschildert werden müssen) zugunsten eines der Thronprätendenten einzugreifen und dazu auf dem Weg nach Jerusalem einen „Umweg" über Konstantinopel zu machen. Neben einem beträchtlichen Geldbetrag (zur Finanzierung des Transportes) war dafür eine Unterstellung des Patriarchen von Konstantinopel unter eine römische Oberhoheit und eine Beteiligung der Byzantiner am Kreuzzug nach Jerusalem in Aussicht gestellt worden. Am 3. Juli 1203 kam das Heer vor Konstantinopel an, erstürmte am 17. Juli die Stadt und führte den gewünschten Thronwechsel herbei. Doch schon wenig später kam es zu internen Differenzen, auch wegen der zugesagten Zahlungen, und als sich am kaiserlichen Hof erneut ein Machtwechsel abzeichnete, drangen die in einem Vorort lagernden Kreuzfahrer am 12. April 1204 in die Stadt ein, plünderten sie in den darauffolgenden drei Tagen und errichteten in Konstantinopel und großen Teilen des Byzantinischen Reiches (namentlich in Mazedonien und Griechenland) das Lateinische Kaiserreich Romania, zu dessen erstem Oberhaupt Graf Balduin von Flandern gewählt wurde. Die Mächtigeren unter den Kreuzfahrern teilten sich die eroberten Gebiete und errichteten in ihnen eigene, wenn auch vom Kaiser lehnsabhängige Herrschaften. Die weitere Geschichte dieses Lateinischen Kaiserreiches ist hier nicht zu verfolgen; mit der Rückeroberung von Konstantinopel durch die Byzantiner (von deren nach 1204 errichteten sozusagen Exil-Kaiserreich von Nicaea aus) endete es 1261.

Die Plünderung Konstantinopels am 13. bis 15. April 1204, von der neben den Palästen vor allem Kirchen und Heilige Stätten dieser christlichen Metropole betroffen waren, zählt zu den dunkelsten Kapiteln in der Geschichte der Kreuzzüge, wobei es sich hier zudem nicht etwa im Sinne der Kreuzzugsideologie um eine Befreiung christlicher Kultstätten aus den Händen der Moslems handelte, sondern um reine Machtkämpfe von Christen, wenn auch unterschiedlicher Obödienz, untereinander. Zahlreiche Reliquien und deren kostbare und künstlerisch hochwertige Fassungen kamen als Beutegut damals nach Europa, vieles wurde zur Gewinnung der Edelmetalle und Edelsteine zerstört.

Heinrich von Ulmen gehörte wahrscheinlich zur Gruppe des Bonifaz von Montferrat, der bei der Kaiserwahl gegen Balduin von Flandern unterlegen war. Er hatte sich in Thessalonike ein eigenes Königreich (mit Saloniki als Residenz) errichtet und die byzantinische Kaiserwitwe Margareta (von

Ungarn) geheiratet; sie gebar ihm einen Sohn, der den programmatischen byzantinischen Namen Demetrius erhielt. Doch im Herbst 1207 wurde Bonifaz von bulgarischen Truppen in einen Hinterhalt gelockt und erschlagen. Aber auch den Bulgarenzar Kolojan fand man am Tag des hl. Demetrius (8. Oktober) von einer Lanze durchbohrt in seinem Zelt. Margareta konnte die Regentschaft für ihren Sohn behaupten; Demetrius wurde 1209 zum König des Regnum Thessalonike gekrönt. Doch das muß hier nicht weiter interessieren.

Wahrscheinlich (oder auch nur vielleicht) in der Krisensituation nach dem Tod des Bonifaz kehrte unser Heinrich von Ulmen nach Deutschland zurück. In seinem Gepäck hatte er nachweisbar (vielleicht aber auch mehr) folgende Reliquien:

- eine kostbar gefaßte Kreuzreliquie, die sogenannte Limburger (oder Stubener) Staurothek
- eine Reliquienlade, wahrscheinlich des hl. Demetrius,
- ein Kreuzreliquiar in Form eines Triptychons,
- mehrere Partikel vom Kreuz,
- das Haupt des hl. Pantaleon,
- einen Zahn des hl. Johannes des Täufers.

Heinrich hat diese sowohl ideell-kultisch als Reliquien wie als vom materiellen Wert der Fassungen außerordentlich kostbaren Stücke zunächst auf seine Eifelburg Ulmen gebracht. Dort wollte er zunächst als Aufbewahrungsort und Raum der kultischen Verehrung eine Kapelle bauen, wurde aber, aus welchem Grund auch immer, an der Durchführung dieses Projektes gehindert und hat die Stücke in den folgenden Jahren an verschiedene Klöster des rheinischen Raumes gegeben, nämlich:

- Die Staurothek und die Demetrius-Reliquie erhielt das Augustinerinnen-Kloster (Springiersbacher Ordnung) in Stuben an der Untermosel (→ Heft 6, Klöster), wo Heinrichs Schwester Irmgard Vorsteherin war.
- Das Haupt des hl. Pantaleon und eine Kreuzpartikel erhielt die Benediktiner-Abtei

St. Pantaleon in Köln, die den übrigen Körper dieses Heiligen schon besaß und um diese ergänzende Reliquie gebeten hatte.
- Das Triptychon kam an das Stift Münstermaifeld, zu dem offensichtlich persönliche Beziehungen Heinrichs bestanden. Es ist verloren.
- Eine Kreuzpartikel erhielt die Benediktiner-Abtei St. Eucharius/St. Matthias vor Trier, die wenige Jahrzehnte später ein noch heute im Kloster erhaltenes Reliquiar, ähnlich der Stubener Staurothek, anfertigen ließ.
- Auch die Benediktiner-Abtei (Maria) Laach erhielt eine Partikel des Kreuzes, die Abt Albert (1199–1217) in Gold fassen ließ. Sie ist verloren.
- Den Zahn des Johannes erhielt mitsamt einer Kreuzpartikel die Zisterzienser-Abtei Heisterbach. Die Mutter Heinrichs war dort begraben.

Stuben/Bremm

Das kostbarste Stück ist die an Stuben (→ Heft 6, Klöster) gegebene Staurothek. Diese Kreuztafel, von der man sich vorstellen muß, daß sie bei feierlichen Anlässen dem Kaiser (ähnlich den Evangelien-Handschriften mit ihren kostbaren Buchdeckeln) vorangetragen wurde, ist um 950 am kaiserlichen Hof in Konstantinopel in Auftrag gegeben worden und gehörte mit Sicherheit zum Heiltum-Schatz des Kaisers. Auch in Stuben erbaute man um 1275 eine Kapelle für diese Staurothek und die Demetrius-Reliquie. 1512 war der dem Reliquienkult sehr aufgeschlossene Kaiser Maximilian I. auf seiner Reise nach Trier in Stuben und übernachtete im Kloster; sicher war die Kreuzreliquie der Anlaß für diesen Besuch.

Das Kloster Stuben wurde 1788 in ein adliges Damenstift umgewandelt. Die Staurothek wurde von der kurfürstlich-trierischen Verwaltung eingezogen und in Koblenz bzw. auf dem Ehrenbreitstein aufbewahrt. Nach mehrjährigen Flüchtungen vor den Truppen der Französischen Revolution kam sie schließlich 1803 als Säkularisationsgut (wie die üb-

Vorderseite der Stubener/Limburger Staurothek.

rigen rechtsrheinischen kurtrierischen Besitzungen) an den Herzog von Nassau-Weilburg. Herzog Wilhelm schenkte sie (mit anderen Reliquien aus dem Trierer Domschatz) 1835 dem 1827 in seinem Herzogtum neu errichteten Bistum Limburg. Seither ist sie Teil des Limburger Domschatzes und ist jetzt in der Schatzkammer des Dom- und Diözesanmuseums in Limburg (→ Heft 10, Museen) ausgestellt.

Heinrich von Ulmen nahm 1217 auch am 5. Kreuzzug teil. Die Reise ging diesmal zu Schiff von Dalmatien über Zypern nach Akko und von dort nach Damietta im Nildelta. Bei der Belagerung dieser Stadt geriet Heinrich am 29. August 1219 in die Gefangenschaft der Sarazenen, kam aber wieder frei. 1225 ist er im Hoflager König Heinrichs (VII.) in Kaiserslautern nachweisbar und zuletzt als Zeuge am 2. Oktober 1236 genannt. Er war verheiratet und hatte einen gleichnamigen Sohn, vermutlich der Erstgeborene. Ein Sohn Dietrich-Theoderich ist 1234 Domkanoniker in Trier und 1253–1262 Propst des Stiftes St. Simeon (in der Porta Nigra) in Trier.

Hans Wolfgang Kuhn hat vor einigen Jahren festgestellt, daß der – im Vergleich zu den Mächtigeren des 4. Kreuzzuges – „kleine" Ritter aus der Eifel diese kostbaren Stücke nicht unangefochten bei der Plünderung Konstantinopels im April 1204 hätte an sich nehmen können. Er stellt deshalb die ansprechende These auf, daß diese Stücke und namentlich die Kaiser-Staurothek Eigentum der Kaiserinwitwe Margareta oder/und des Bonifaz waren und von Heinrich im Debakel vom Herbst 1207 in Margaretas Auftrag nach Deutschland gebracht wurden, vielleicht um sie hier an Philipp von Schwaben zu übergeben, der dann aber am 21. Juni 1208 ermordet wurde. Heinrich habe sie deshalb, um sie nicht in andere Hände geben zu müssen, kirchlichen Institutionen geschenkt.

So mag es gewesen sein. Wer heute in Limburg vor der Staurothek, in Stuben vor den Ruinen des Klosters oder oben auf der Burg Ulmen steht und diese Geschichte reflektiert, dem mag auch das Stichwort „Beutekunst" einfallen – einmal ganz abgesehen von der Würde des byzantinischen Kunstwerkes und vom Einfluß dieser hohen byzantinischen Kunst auf das künstlerische Schaffen auch unserer Region und letztlich auch von der über viele Jahrhunderte hin mächtigen kultischen Bedeutung des Heiltums vom Kreuz Christi.

Literatur: Hans Wolfgang Kuhn, Heinrich von Ulmen, der vierte Kreuzzug und die Limburger Staurothek. Jahrbuch für Westdeutsche Landesgeschichte 10. 1984 S. 67–106.

Das Haupt des Apostels Matthias in Kobern

Kobern

Über die Herkunft einer anderen – unabhängig von der Echtheitsfrage für den Kult sehr bedeutenden – Reliquie ist sehr viel weniger bekannt:

das Haupt des Apostels Matthias in Kobern. Urkundlich ist diese Reliquie erst seit dem 14. Jahrhundert bezeugt, es kann aber kein Zweifel sein, daß die in der 1. Hälfte des 13. Jahrhunderts erbaute Kapelle auf der Oberburg von Kobern (→ Heft 3, Bauten der Romanik) als Aufbewahrungsort und Kultstätte für diese Reliquie entstanden ist.

Die Matthias-Reliquie wird in der regionalen Literatur meist dem 5. Kreuzzug (proklamiert April 1213, erste Kontingente in Palästina Herbst 1217, Hauptstreitmacht im April 1218, Eroberung von Damietta/Ägypten 4./5. November 1219, Rückzug August 1221) zugeordnet, weil hier die Teilnahme des einheimischen Adels, u. a. des Grafen Georg von Wied, des Bruders des Trierer Erzbischofs Dietrich von Wied (1212–1242), gut bezeugt ist. Einer der Herren von Kobern (aus dem Hause Isenburg) habe am Kreuzzug teilgenommen und die kostbare Reliquie „mitgebracht". Abgesehen davon, daß Apostelreliquien auch im Heiligen Land nur in beschränkter Zahl „verfügbar" waren – es sei denn, unser Ritter wäre auf einen levantinischen Händler hereingefallen, oder es handelte sich um eine sogenannte Kontaktreliquie, was man bei vielen dieser Heilig-Land-Stücke allemal zu beachten hat –, sind für den 5. Kreuzzug Reliquien-„Entnahmen" ähnlich wie aus der Plünderung Konstantinopels 1204 nicht überliefert.

Es scheint mir daher eher wahrscheinlich, auch das Haupt des Apostels Matthias (so wie das des

Matthias-Kapelle auf der Oberburg in Kobern

hl. Pantaleon) in die Nähe des von Heinrich von Ulmen ins Rheinland gebrachten Reliquienschatzes zu stellen, womit auch verständlich würde, daß Heinrich der Abtei St. Eucharius/St. Matthias vor Trier (als Kompensation?) eine Kreuzpartikel überließ (vgl. weiter unten). Die Datierung der Kapelle um 1220/40 muß dem nicht entgegenstehen.

Ende des 14. Jahrhunderts kommt die Matthias-Reliquie (über die Grafen von Sayn) in den Besitz des Erzbischofs von Trier (der Lehnsherr der Burg Kobern war), wird auf den Ehrenbreitstein gebracht und um 1418/1430 dem Trierer Domschatz zugefügt. Ob dies als Hinweis auf Vorbehalte gegenüber der Echtheit der Reliquie zu verstehen ist, mag dahingestellt sein. Jedenfalls war besonders in Trier das Problem offenkundig, daß in der Benediktinerabtei St. Eucharius/St. Matthias im Süden der Stadt der ganze Leib des Apostels Matthias gezeigt und verehrt wurde – als das einzige Apostelgrab nördlich der Alpen, der Tradition zufolge von der Heiligen Helena, der Mutter Kaiser Konstantins, im ersten Drittel des 4. Jahrhunderts nach Trier gebracht und 1127 wiederentdeckt. Dies ist hier nicht weiter zu diskutieren. Auf Anregung und im Beisein des päpstlichen Nuntius für Deutschland Eugenio Pacelli, des späteren Papstes Pius XII. (1939–1958), wurde 1927, zum 800jährigen Jubiläum der Wiederauffindung des Matthiasgrabes 1127, das Koberner Apostelhaupt aus dem Trierer Domschatz in die wenige Jahre zuvor, 1922, wiedererrichtete Benediktiner-Abtei St. Matthias überführt.

Anders als die kostbare byzantinische Staurothek des 10. Jahrhunderts in Stuben bzw. heute in Limburg ist das herausragende historische Zeugnis der Koberner Apostel-Reliquie die Koberner Kapelle als ein einmaliges Architekturdenkmal des 13. Jahrhunderts. In unseren Tagen wurde diese Kapelle mit großer Sorgfalt umfassend restauriert und ist seit dem 1. August 1998 wieder zugänglich: als Denkmal rheinischer Baukultur, aber ebenso als eine Erinnerung an die in vielfacher Hinsicht geschichtsmächtige europäische Epoche der Kreuzzüge.

Der rheinische Pfalzgraf
Stationen der Südwanderung am Mittelrhein

Es ist ein weiter Weg mit vielen Stationen, den der Pfalzgraf bei Rhein von der Pfalz in Aachen (comes palatinus) über Brauweiler, Siegburg, Laach, Bacharach, Alzey, Neustadt/Weinstraße, aufgespalten in zahlreiche Linien (in Birkenfeld, Simmern, Zweibrücken, Veldenz, um nur einige zu nennen), bis hin nach Heidelberg und Mannheim gegangen ist. Die Benediktinerabtei zum See (ad lacum)/Laach hat Pfalzgraf Heinrich III. (gest. 1095) 1093 gegründet und ist hier begraben (→ Heft 6, Klöster, und → 3, Romanik); sein Stiefsohn Siegfried gab um 1112 die Besitzungen der nun abgebrochenen Burg am See hinzu und dachte wohl noch daran, daß dies das Hauskloster der rheinischen Pfalzgrafen werden könne, wo den Mönchen des heiligen Benedikt an den Gräbern der Sippe Totenwache und Memoria, Erinnerung, anvertraut und aufgegeben war. Die Dörfer westlich von Laach um Mendig bilden heute noch die „Pellenz“, was lautverschoben nichts anderes heißt als „Pfalz“. Über die Besitzungen des Erzbischofs von Trier auch an Rhein und Mosel war dieser Pfalzgraf der „Obervogt“, was Schutz und Rechtsvertretung (advocatiam) und „weltlicher Arm“ für den Kirchenmann bedeutete, freilich nicht selten auch als der faktische Besitz der Macht verstanden wurde. Der Adel der Region war als Lehnsträger Vollzugsinstanz vor Ort. 1197, vor dem Aufbruch zum Kreuzzug, verzichtete Pfalzgraf Heinrich der Lange auf diese Obervogtei. Doch damit war um die Wende vom 12. zum 13. Jahrhundert an Rhein und Mosel noch keineswegs entschieden, wer hier die stärkeren Positionen hatte. Die Burg Thurandt kann das verdeutlichen.

1248 Alken/Mosel

Burg Thurandt über Alken

Es gibt wenige Orte, die in ähnlicher Verdichtung an grundlegende Ereignisse der historischen

Entwicklung einer Region erinnern lassen und diese über Jahrhunderte hin heute noch sichtbar machen.

Pfalzgraf Heinrich soll die Burg erbaut und ihr in Erinnerung an seine Teilnahme am Kreuzzug und konkret an die (vergebliche) Belagerung der Burg Toron bei Tyrus 1197/98 den Namen dieser Burg gegeben haben, der sich dann zu Thurandt weiterentwickelte (→ hier Seite 31, Kreuzzüge).

Der Grund und Boden hatte sehr wahrscheinlich (mit Alken) der Abtei Laach gehört und war von den Pfalzgrafen als Vögten der Abtei in Anspruch genommen worden. Das rief den Erzbischof von Köln auf den Plan, der in dieser Zeit erfolgreich bemüht war, seine Positionen vom Kölner Raum rheinaufwärts (mit Eifel und Westerwald) auszubauen. Ein Markstein war der Erwerb des bedeutenden Königshofes Andernach 1167, aber dazu gehörten auch kleinere Aktionen wie die Einbindung der begüterten Abtei Laach in seinen Einflußbereich. Die Vogteirechte des Pfalzgrafen mußten daher in dieser kurkölnischen Sicht zurückgedrängt werden, und so wurde auch Thurandt bald nach der Erbauung zumindest zeitweise von Kölner Truppen besetzt.

Anderseits trat aber um die Jahrhundertwende auch der Erzbischof von Trier verstärkt an Untermosel und Mittelrhein in Erscheinung, nachdem Erzbischof Johann den Pfalzgrafen noch unmittelbar vor dessen Antritt zum Kreuzzug im Frühjahr 1197 zum Verzicht auf seine Obervogtei des Erzstifts Trier hatte bewegen können. Ziel des Trierers war es, eine Verbindung zwischen den Zentren im Trierer Raum und dem bereits 1018 vom Reich erworbenen Krongut Koblenz auszubauen.

Machtpolitisch waren somit zu Beginn des 13. Jahrhunderts der „ansässige", aber doch geschwächte Pfalzgraf sowie die Erzbischöfe von Köln und Trier am Raum Untermosel – Vordereifel – nördlicher Mittelrhein interessiert. In diesem Kontext kam es dann in den 40er Jahren zu dem Versuch des Pfalzgrafen, in Thurandt ein Zentrum seines Einflußbereiches auszubauen. Befehlshaber dieser militärischen Bastion war als pfalzgräflicher Beauftragter ein Berlewin genannt Zurno, der in

Der Vertrag von Thurandt 1248.

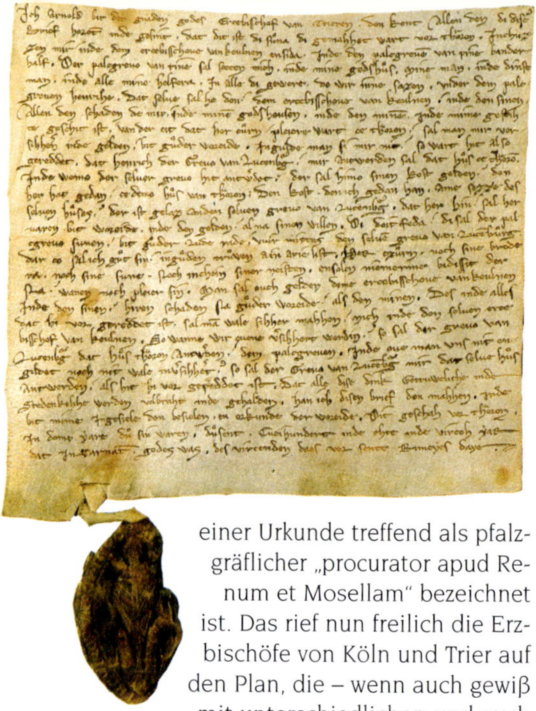

einer Urkunde treffend als pfalzgräflicher „procurator apud Renum et Mosellam" bezeichnet ist. Das rief nun freilich die Erzbischöfe von Köln und Trier auf den Plan, die – wenn auch gewiß mit unterschiedlichen und auch gegensätzlichen Interessen – gemeinsam Thurandt belagerten und nach zwei (!) Jahren Zurno zur Kapitulation zwingen konnten. Die darüber ausgestellte Urkunde vom 17. September 1248 ist die erste in diesem Raum in deutscher Sprache abgefaßte Urkunde (im Sinne eines Rechtszeugnisses, nicht als literarisches Erzeugnis) und darüber hinaus eine der ältesten deutschsprachigen Urkunden überhaupt.

Alken-Thurandt mit Oberfell und Kattenes wurden den siegreichen Belagerern übergeben und bildeten über fünfhundert Jahre hin bis zum Ende des Alten Reiches ein Kondominium von Kurköln und Kurtrier. Die für eine staufische Burg charakteristische Doppelturmanlage (→ Heft 5, Burgen) bot sich an, diese Doppelherrschaft auch real sichtbar zu machen, indem der eine Turm der trierische, der andere der kölnische war. Der Pfalzgraf wich auf seiner Südwanderung aus nach Bacharach und Kaub. Trier wurde namentlich unter Kurfürst Balduin von Luxemburg (1307–1354) die dominierende Kraft an der Untermosel und südlich von Koblenz. Köln behauptete seine Einflußzone über die Ahr hinaus bis Andernach.

Werner von Oberwesel

1287
Bacharach/Oberwesel

In den Tagen nach Ostern des Jahres 1287 fand ein Bauer auf einem Feld im Windsbachtal in der Nähe von Bacharach die mit Wunden bedeckte Leiche des in Womrath (ca. 10 km südwestlich Simmern im Hunsrück) geborenen Knaben Werner; er war als Tagelöhner, namentlich im Weinberg, und als Bettler bekannt. Da ein Verbrechen vorzuliegen schien, wurde die Leiche in Bacharach öffentlich aufgebahrt. Hier kamen (durch eine bei Juden in Oberwesel arbeitende christliche Dienstmagd ?) wohl erst das Gerücht, dann der Verdacht und schließlich die Bechuldigung auf, es handele sich um einen Ritualmord, wie er von Juden am Karfreitag zur Verhöhnung der Passion Christi an christlichen Kindern, meist Knaben, begangen werde, um deren Blut (und die von den Kindern empfangene konsekrierte Hostie) zu erhalten und rituell zu verwenden. Bald war dann auch von Wundern die Rede, die Leiche des Knaben wurde in der St.-Kunibert-Kapelle begraben und zog schnell Pilger und Bittsteller an.

Gegen die Juden aber, zuerst in Oberwesel und wohl auch in Boppard, dann auch in anderen Or-

Werner von Oberwesel. Zeichnung des Winand von Steeg um 1430.

ten des Mittelrheins kam blinder Haß auf, der sich in einer breiten Pogromwelle schrecklich entlud. Die um 1300 niedergeschriebenen, also zeitgenössischen „Taten der Trierer" (Gesta Treverorum) schildern das so: „So wurden die Menschen dieser Gegend nah und fern von Wut ergriffen und wüteten grausam gegen die unglücklichen Juden. Die einen erwürgten sie, andere verbrannten sie mit Frauen und Kindern, andere ertränkten sie und mehrere erschlugen sie mit dem Schwert. Nur die, die sich in die Burgen und Festen des Adels zurückziehen konnten, wurden mit Mühe aus dieser Verfolgung gerettet." Diese offensichtlich eher ablehnende Haltung des Chronisten gegenüber der Ritualmord-Beschuldigung steht in Einklang mit deren eindeutiger Zurückweisung durch König Rudolf von Habsburg und der ebenfalls distanzierten Haltung der römischen Kurie; verhindert wurden damit die Pogrome freilich nicht.

Das Grab des Werner in der St.-Kunibert-Kapelle wurde bald Ziel von Wallfahrten. Man begann den Aus- bzw. vergrößerten Neubau der Kapelle, doch kamen diese Maßnahmen schon bald ins Stocken. Erst die von dem (aus dem Nachbarort Steeg stammenden) Bacharacher Pfarrer Winand Ort am 11. Juli 1426 vorgenommene Öffnung des Werner-Grabes und der dann von Winand 1426 bis 1429 mit Unterstützung des Kardinallegaten Giordano Orsine in Rom eingeleitete Kanonisationsprozeß führten zu einer deutlichen Belebung des Wallfahrtskultes und zur Vollendung der als Architekturzeugnis berühmten Werner-Kapelle (→ Heft 4, Bauen im späten Mittelalter). Die von Winand angestrebte Aufnahme Werners in den Kanon der Heiligen der Kirche ist nicht erfolgt.

Winand Ort von Steeg ist bekannt als bedeutender frühhumanistischer Theologe, Jurist und Schriftsteller, aber auch als Kanzelredner und Künstler (Maler). Er studierte in Heidelberg und Würzburg, wo er vor 1411 Professor des Kirchenrechts war. Danach ist er als Rechtsberater der Stadt Nürnberg, Domherr in Passau und Sekretär König Sigismunds bezeugt. 1421 erhielt er die reiche (Heimat-)Pfarrei Bacharach. Er starb 1454 im Alter von 83 Jahren.

Werner-Kapelle in Bacharach.

Die Gebeine Werners wurden 1621 von dem spanischen Heerführer Ambrosius Spinola erhoben und an einen bisher unbekannten Ort gebracht. Die Kapelle wurde 1689, als die Franzosen die oberhalb gelegene Burg Stahleck sprengten, durch herabfallende Steine sehr stark beschädigt. Für die Rheinromantik war die Ruine erneut, wenn nun auch ein anderer Wallfahrtsort. In den letzten Jahren wurde sie mit großem Engagement des „Bauvereins Wernerkapelle" aufwendig saniert.

In Oberwesel wurde ebenfalls eine dem Werner gewidmete Kapelle an der Stelle erbaut, an der das Judenhaus stand, in dem Werner zuletzt gearbeitet hatte und von den Juden ermordet worden sein sollte. Von ihr ist der etwas umgestaltete mittelalterliche Chor in der heutigen Kapelle des St.-Werner-Krankenhauses erhalten. In der alten Kapelle befanden sich drastisch-realistische Reliefdarstellungen der Leiden des von den Juden ermordeten Knaben aus dem 18. Jahrhundert (1727, erneuert 1761); sie wurden 1968 in der nur bei Beerdigunen benutzten Michaelskapelle angebracht. Das städtische Krankenhaus in Oberwesel führt noch heute den Namen St.-Werner-Krankenhaus.

An der Stelle, an der der Leichnam Werners gefunden worden war, entstand 1289 als Stiftung des Pfalzgrafen Ludwig II. das Wilhelmitenkloster Windsbach (auch Fürstental; → Heft 6, Klöster).

Bald nach 1548 erwarb ein französischer Kanoniker in Bacharach einige Reliquien Werners, der zunehmend – wegen eines in seinem Sarg gefundenen Winzermessers – als Patron der Winzer verehrt wurde, für das St. Magdalenenstift in Besançon. Dort wurde „St. Vernier" schnell zu einem beliebten Patron der Winzer in der Franche-Comté, in Burgund und in der Auvergne.

In Trierischen war der Kult Werners seit dem 18. Jahrhundert mit der Aufnahme Werners in den Heiligenkalender der (Erz-)Diözese (Fest am 19., seit 1922 am 18. April) sanktioniert. Im Rahmen der vom 2. Vatikanischen Konzils eingeleiteten Liturgiereform wurde das Fest 1963 abgeschafft.

Man hat versucht, den Bericht über die brutale Ermordung Werners als Sexualverbrechen zu interpretieren, um so vielleicht die exzessiven Folgen der blutigen Tat, nämlich die Ritualmord-Beschuldigung und die daraus erwachsenen Pogrome als Irreleitung eines latent vorhandenen Antisemitismus erklären zu können. Ich denke, da kann man nichts erklären und man sollte es auch nicht versuchen. Wir sollten es uns auch nicht zu leicht machen und sagen, das sei Mittelalter oder katholischer Heiligenkult oder Rassismus oder Antisemitismus oder was auch immer. Der Bogen spannt sich von Bacharach und Oberwesel über die Juden-Pogrome des Jahres 1349, über Ausweisungen und Verfolgungen in nahezu allen Jahrhunderten bis hin zur „Reichskristallnacht" von 1938 und zur Deportation der letzten noch in den rheinischen Dörfern und Städten lebenden Juden 1942 in die Vernichtungslager; und bis in unsere Tage. Wir sollten uns mit der Werner-Geschichte daran erinnern lassen, wozu wir Menschen imstande sind.

Werner in Bacharach oder in Oberwesel, das kann auch Anlaß sein, an die bis in die römische Epoche zurückreichende Geschichte der Juden am Mittelrhein zu erinnern. Koblenz, Boppard, Andernach, Beilstein und viele kleine Orte hatten zwar nie so berühmte jüdische Gemeinden wie Worms, Mainz oder Speyer; weder im Mittelalter noch in der

Neuzeit. Aber auch hier gibt es noch viele Zeugnisse aus ihrer Geschichte. Wir hoffen, darüber in dieser Reihe bald ein eigenes Heft vorlegen zu können.

Lit.: *Gerd Mentgen, Die Ritualmordaffäre um den „Guten Werner" von Oberwesel und ihre Folgen. Jahrbuch für westdeutsche Landesgeschichte* 21. 1995 *Seite* 159–198.

Über die Wahl des Königs
Der Kurverein von Rhens von 1338

1338
Rhens

EINER der bedeutendsten Verfassungstexte des mittelalterlichen Deutschen Reiches wurde am 16. Juli 1338 in Rhens beschlossen und publiziert: der „Kurverein von Rhens". Modern würde man wohl formulieren: „Vereinbarung/Erklärung über die Wahl (= Kür) des deutschen/römischen Königs". In diesem Kurverein erklären die in Rhens versammelten Kurfürsten (mit Ausnahme des nicht anwesenden Königs Johann von Böhmen), daß der von den

Kurfürst Balduin von Luxemburg, gest. 1354. Zeitgenössisches Relief aus dem Chorgestühl der Kartause Trier.

Kurfürsten einstimmig oder auch mit Mehrheit Gewählte den Titel „Römischer König" führen darf und zur umfassenden Herrschaftsausübung im Reich befugt ist, und zwar ohne daß dazu die Zustimmung oder Billigung des Papstes erforderlich ist.

Damit war einerseits das von den Päpsten beanspruchte Bestätigungsrecht zur deutschen Königswahl zurückgewiesen und anderseits das Mehrheitsprinzip für die Wahl der Kurfürsten eingeführt. Die Zahl der Kurfürsten wurde nicht hier, sondern erst in der „Goldenen Bulle" von 1356 auf drei geistliche Fürsten, nämlich die Erzbischöfe von Mainz, Köln und Trier, und vier weltliche Fürsten, nämlich den Pfalzgrafen bei Rhein, den König von Böhmen, den Markgrafen von Brandenburg und den Herzog von Sachsen festgesetzt.

Die Rhenser Erklärung wurde unmittelbar ausgelöst durch die Auseinandersetzungen zwischen Kaiser Ludwig den Bayern und Papst Benedikt XII., ist aber unabhängig davon im Prozeß der Entwicklung der Reichsverfassung zu sehen und hat insofern reichsrechtliche Bedeutung. Sie ist ein entscheidender Schritt in der Ausformung der „dualen" – zwischen dem König und der sich hier formierenden Kurfürsten-Korporation austarierten – Reichsverfassung. Ihre (vor der Zusammenkunft vorgenommene) sorgfältige Formulierung erfolgte in der Kanzlei des damals im Reich tonangebenden Trierer Erzbischofs-Kurfürsten Balduin von Luxemburg (1307–1354).

1346, 1400
Rhens

Rhens und der Königsstuhl

Die günstige Verkehrslage und wohl auch eine gewisse Zentralität im Gebiet der rheinischen Kurfürsten brachten es mit sich, daß Rhens im späten Mittelalter zu einem von den Kurfürsten bevorzugten Versammlungsort wurde. Der Ort selbst gehörte zu dieser Zeit zu den Besitzungen des Kurfürsten-Erzbischofs von Köln; zum Territorium des Kurfürsten-Erzbischofs von Trier gehörte das benachbarte Koblenz, zu dem des Kurfürsten-Erzbi-

Der Königsstuhl von Rhens um 1850.

schofs von Mainz das gegenüber liegende (Ober-)-Lahnstein; Lehnsherren über Braubach waren die Kurfürsten von der (rheinischen) Pfalz. So charakteristisch diese Gemegelage auch für die territoriale Zerplitterung der politischen Landkarte dieser Epoche ist, so sollte man dennoch diesen Verflechtungen keine zu hohe Bedeutung für die Kommunikation und für „grenzüberschreitende" Verhandlungen der Entscheidungsträger beimessen.

Die Wahl eines deutschen Königs fand zweimal in Rhens statt, nämlich 1346 für Karl IV. und 1400 für Ruprecht von der Pfalz, beide jedoch als Gegenkönige zu (noch) regierenden Königen. Als Wahlort deutscher Könige kann man Rhens somit nur in sehr eingeschränktem Sinne bezeichnen. Der „ordentliche" Wahlort der Deutschen Könige durch die Kurfürsten (von küren = wählen) war Frankfurt. Hier nahm der Gewählte durch das symbolische Sitzen auf den Altar (die der Papst-"Inthronisation" wohl nachgebildete „sessio altaris") der St.-Bartholomäus-Kirche im wörtlichen Sinne das Reich in Be-Sitz.

In Rhens wurde (ob in Erinnerung an die Wahl Karls IV. mag dahingestellt sein) im Baumgarten am Rhein, dem seit 1273 bezeugten Versammlungsort der Kurfürsten, zwischen 1376 und 1398 (wohl an Stelle eines hölzernen) ein steinerner „Königsstuhl" errichtet, bei dem die gewählten Könige auf ihrem Zug vom Wahlort Frankfurt zum Krönungsort Aachen einen Aufenthalt einlegten und (so bezeugt für Friedrich III. und Maximilian I.) den Treueid der Kurfürsten entgegennahmen.

Der Königsstuhl wurde – in ideologischem Kontext – 1803 zerstört und 1843 nach alten Vorlagen wiederaufgebaut. 1924 wurde er bei der Erweiterung des Geländes der Abfüllanlagen des Rhenser Sprudels auf eine Anhöhe oberhalb der Siedlung Rhens versetzt.

17./18. Jahrhundert

Herrnhuter - Mennoniten - Waldenser

DER hier behandelte Raum des nördlichen Mittelrheins besteht konfessionell zu nahezu gleichen Teilen aus relativ geschlossenen katholischen und evangelischen Gebieten (soweit eine Zugehörigkeit zu einer der christlichen Religionsgemeinschaften noch besteht). Deren Geschichte ist hier nicht darzustellen. Erinnert sei aber an einige bedeutende freikirchliche Gruppierungen.

Neuwied

Da ist zunächst das 1646 gegründete Neuwied zu nennen, dessen Bewohnern in einem Privileg des Grafen zu Wied von 1662 ausdrücklich freie Religionsausübung zugesichert wurde, nicht zuletzt, um Ansiedler für die neue Siedlung zu gewinnen. Neben den dominierenden Reformierten, denen auch die Grafenfamilie angehörte, gab es bald starke Gruppen von Lutheranern und Katholiken, aber auch von Juden (Religionsgemeinde 1740, Bau der Synagoge

Mennonitenkirche in Neuwied. Zeichnung um 1975.

1748, diese zerstört 1938), Mennoniten (Bau der Kirche 1760/68, heute städtische Galerie), Hugenotten (anfangs recht zahlreich) und Herrnhuter (seit 1750, noch erhaltenes geschlossenes Siedlungsareal, Kirche 1766/68). Es sind dies vielfach Ausgegrenzte und Glaubensvertriebene, von denen aber meist nur ihr bedeutender Beitrag zur wirtschaftlichen Entwicklung der Stadt genannt wird (namentlich im Möbelbau die Herrnhuter Abraham und David Roentgen sowie als „Uhrmacher" der Mennonit Peter Kinzing), deren Beitrag zur Ausprägung einer noch heute relevanten sehr individuellen, nonkonformen Gesellschaft aber wohl wichtiger ist.

Charlottenberg

Genannt sei auch Charlottenberg (bei Holzappel, ca. 10 km nö Nassau/Lahn), eine französisch sprechende Gemeinde von Waldensern, die 1687 als Flüchtlinge aus Piemont bzw. unmittelbar aus Friedrichsdorf bei Homburg in Holzappel Aufnahme gefunden hatten und 1699 diese selbständige geschlossene Waldenser-Siedlung errichten konnten. Namengebend war die große Förderin Elisabeth Charlotte (1640–1707), Ehefrau des Grafen Adolf von Nassau-Dillenburg(-Schaumburg) und Tochter des berühmten kaiserlichen Feldmarschalls in der Endphase des 30jährigen Krieges Peter Melander (seit 1641 Reichsgraf von Holzappel, 1585–1648), der 1643 die Esterau um Holzappel erworben hatte (erst seine Witwe Agnes erwarb 1656 die Herrschaft Schaumburg; → Heft 5, Burgen). Die Waldenser-Gemeinde bestand mit französischem Pfarrer und Lehrer bis 1767 und wurde dann aufgelöst.

Andernach

Mennoniten gab es im 19. Jahrhundert neben Neuwied auch in Andernach und hier ist der Anknüpfungspunkt für die Ansiedlung zunächst 1945/50 von geflüchteten Mennoniten aus Rußland und Polen und dann seit 1987 einer großen Zahl deutschstämmiger Aussiedler aus Rußland, die in beiden Städten selbständige Mennoniten-Gemeinden gebildet haben.

Literatur: *Theo Kiefner, Die Waldenser auf ihrem Weg aus dem Val Cluson durch die Schweiz nach Deutschland* 1532–1820/30. 4 *Bde, Göttingen* 1985–1997. – *Wilfried Ströhm, Die Herrnhuter Brüdergemeine im städtischen Gefüge von Neuwied. Veröff. der Landeskundl. Arbeitsgemeinschaft im Reg.Bez. Koblenz* 12. 1988.

1786
Bad Ems

Emser Punktationen

Vom 25. Juli bis 25. August 1786 erarbeiteten in einer geheimen Zusammenkunft in Bad Ems Deputierte der katholischen Erzbichöfe von Köln, Mainz, Trier und Salzburg ein Aktionsprogramm der deutschen Metropoliten gegen die Praxis einer Jurisdiktions-Ausübung der päpstlichen Nuntien im Reich (Köln, 1785 München) und gegen Maßnahmen der römischen Kurie, in denen sie Eingriffe in ihre bischöflichen Rechte sahen. Diese am 25. August unterzeichnete „Emser Punktation" wurde von den genannten vier Erzbischöfen anerkannt und dem Kaiser vorgelegt. Eine zweite (Disziplinar-)Punktation, die Leitlinien für Reformen der Seelsorge, des Gottesdienstes und des Ordenswesens enthielt, fand nicht die Zustimmung der Erzbischöfe von Köln und Salzburg und wurde deshalb nicht veröffentlicht. Die von den Erzbischöfen geforderte Einberufung eines Nationalkonzils durch den Kaiser lehnte dieser ab.

Johann Nikolaus von Hontheim. Portrait von H. Fölix.

Die zum Teil heftigen, von unterschiedlichen Interessen auch im Episkopat geprägten Auseinandersetzungen um diese Punktationen fanden ihr Ende in den weit umfassenderen Veränderungen kirchlicher Strukturen in den Auswirkungen der wenige Jahre später ausbrechenden Großen Revolution.

Kern der Punktationen ist die Zurückweisung – wenn auch nicht päpstlicher, so doch – kurialer zentralistischer Suprematie-Ansprüche und die Formulierung einer katholischen deutschen Nationalkirche unter Führung des deutschen Episkopates.

In den zu den Emser Punktationen hinführenden Reform-Diskussionen hat einen wichtigen Platz der Trierer Weihbischof (seit 1742) und Historiker Johann Nikolaus von Hontheim (1701–1790). Unter dem Pseudonym Justinus Febronius veröffentlichte er 1763 eine Schrift „De statu ecclesie et legitima potestate Romani Pontificis", die bereits im folgenden Jahr 1764 auf den (päpstlichen) Index (der verbotenen Bücher) kam. Dem damit geforderten Widerruf konnte Hontheim – gestützt von seinem Erzbischof Johann Philipp von Walderdorff und zunächst auch von dessen Amtsnachfolger Clemens Wenzeslaus von Sachsen – bis 1778 ausweichen, hat sich dann aber unterworfen; in einer neuen Schrift 1781 (Febronius commentarius . . .) hat er den Widerruf freilich wieder eingeschränkt. Eine unmittelbare Einwirkung der Schriften Hontheims auf den in den Emser Punktationen formulierten (und dem Gallikanismus nahestehenden) Episcopalismus steht aber in Frage.

General Lazare Hoche und die Cisrhenanen

1797
Weißenthurm

Am 17./18. April 1797 gelang der französischen Sambre-Maas-Armee unter dem Kommando des damals 29 Jahre alten Generals Lazare Hoche mit rund 40.000 Mann der Übergang über den Rhein zwischen Weißenthurm und Neuwied. Die österreichischen Truppen mußten sich weiter gegen Frankfurt zurückziehen, gefolgt von den Truppen Hoches. Ein großer militärischer Sieg; gewiß. Aber: an dem selben 18. April 1797 wurde in Leoben (Steiermark) ein Vorfriede zwischen Österreich und

Frankreich geschlossen, dessen Unterzeichnung der damals 28 Jahre alte General Napoleon (geb. 15. August 1769 auf Korsika, gest. 5. Mai 1821) mit seinem erfolgreichen Feldzug in Italien erzwungen hatte. Die Kampfhandlungen zwischen Frankreich und Österreich waren damit fürs Erste eingestellt. Am 17. Oktober 1797 wurde der Friede von Campo Formio geschlossen. General Hoche war schon am Tag des Sieges um diesen seinen Sieg gebracht.

Fünf Monate später, am 19. September 1797, starb Lazare Hoche in Wetzlar, sehr wahrscheinlich an Tuberkulose; jedenfalls hatte er schon vorher Probleme mit der Lunge. Die Leiche wurde in einem feierlichen Zug französischer und österreichischer Truppen nach Koblenz gebracht und dort am 23. September auf dem Petersberg in Koblenz-Lützel (dem linken Moselufer) neben dem im Vorjahr gefallenen General Marceau begraben. Die Armee beschloß, ihrem beliebten General in Weißenthurm, auf dem Hügel, von dem aus er den Rheinübergang befehligt hatte, ein Denkmal zu setzen.

Die Pläne für dieses Hoche-Denkmal erstellte der damals in Koblenz tätige Architekt Peter Joseph Krahe (geb. 1758 in Düsseldorf, gest. 1840 in Braunschweig; von ihm in Koblenz u. a. das Theater und das Pyramiden-Denkmal für General Marceau). Das klassizistische Monument hat als Grundmotiv einen Obelisken über einer Grabgruft (→ Heft 8, 19./20. Jh.). Nach dem Erwerb des weiträumigen Areals wurde die Errichtung des Denkmals noch 1798 begonnen, aber erst von der französischen Besatzung nach dem Ersten Weltkrieg 1919 (!) abgeschlossen; der preußische Staat hatte im 19. Jahrhundert mehrfach Renovierungen des Bestandes vornehmen lassen. Am 7. Juli 1919 wurde eine Urne mit den Gebeinen Hoches mit großem militärischen Zeremoniell von Koblenz nach Weißenthurm überführt und in der Grabkammer aufgestellt. Die Betreuung wurde einem französischen Wärter übertragen. 1994 wurde das Gelände des Hoche-Denkmals vom Französichen Staat mit Eigentumsvorbehalt der Gemeinde Weißenthurm zur Nutzung übertragen. Die Gemeinde übernahm

Hoche-Denkmal in Weißenthurm mit Blick auf Neuwied. Kolorierter Kupferstich 2. Hälfte 19. Jahrhundert.

die Betreuung der Grabanlage bzw. des Denkmals; der französische Wärter wurde zurückgezogen. Mit Bescheid vom 24. August 1994 wurde das Denkmal als Kulturdenkmal unter Schutz gestellt.

Lazare Hoche wurde am 25. Juni 1768 in Montreuil (einem Vorort von Versailles) als Sohn eines Stallknechts der königlichen Jagd geboren. 1784 wird er Soldat und durchläuft während der Revolution eine beachtlich erfolgreiche Karriere (1793 Brigadegeneral, Befehlshaber der Mosel- und der Rhein-Armee). In der Zeit der Schreckensherrschaft („terreur") wurde er im April 1794 gefangengesetzt und ist wohl nur durch den Sturz Robespierres der Guillotinierung entgangen. Er unterwarf die aufständische Vendée, wobei sein Bemühen, Ausschreitungen zu verhindern, hervorgehoben wird. Eine ihm übertragene Expedition nach Irland schlug fehl. Im Januar 1797 wird ihm der Oberbefehl über die Sambre-Maas-Armee übertragen.

Soweit das Bild eines erfolgreichen französischen Generals im turbulenten Jahrzehnt nach der Großen Revolution. Für die rheinischen Lande ist Lazare Hoche freilich mehr noch Repräsentant einer damals aufbrechenden – und vielleicht nicht einmal neuen – und unterschwellig noch lange fortwirkenden politischen Reflexion über die eigenständige Rolle einer Republik der Mitte zwischen Frankreich und Deutschland.

Mit dem siegreichen Vormarsch der Truppen Frankreichs bis zum Rhein und darüber hinaus und der Flucht der alten Inhaber der Macht von Adel und Kirche ergab sich zwangsläufig für die Bevölkerung der eroberten Lande die Frage, was nun kommen werde und wie man auf die künftige Entwicklung Einfluß nehmen könne. In Frankreich, im Paris des Direktoriums, war man längst davon abgekommen, anderen Völkern die Ideale der Revolution vermitteln zu wollen. 1792/93, in Aachen und Mainz, galt noch die Parole vom „Krieg den Palästen, Friede den Hütten und Befreiung aller Untertanen", wenn die Resonanz in der rheinischen Bevölkerung wohl auch nicht ganz so groß war, wie es heute auf der Spurensuche nach freiheitlich-demokratischen Traditionen gelegentlich dargestellt wird. 1796/97, nach dem Sturz Robespierres (28. Juli 1794), war das Ziel Frankreichs nicht mehr die Revolutionierung der anderen Völker, sondern die Ausdehnung Frankreichs bis an die „natürlichen Grenzen" und damit gen Osten bis an den Rhein, und letztlich – in ganz traditionellen Bahnen – die Hegemonie in Europa, was nicht unbedingt Annexion, sondern auch vertragliche Einbindung bedeuten kann.

Für die eroberten Lande besagte dies, daß man nun in Paris auch daran interessiert sein mußte, vom reinen Besatzungsregime zu integrativen Bemühungen überzugehen. Und als die 1796 verfügte Aufhebung der ausschließlich auf Ausbeutung der besetzten Gebiete orientierten Zentralverwaltung in Aachen und deren Ersetzung durch zwei Zentralverwaltungen in Aachen und Koblenz keine sichtbare Verbesserung brachte, übertrug das Pariser Direktorium Anfang 1797 General Hoche die gesamte Gewalt. Dieser verfügte nun die Reaktivierung der früheren Verwaltungseinrichtungen und übertrug deren Leitung dem alten deutschen Personal in deren Regierungen, Magistraten und Gerichtskollegien. Einer aus fünf Franzosen bestehende Commission intermédiaire in Bonn wurde die zentrale Aufsicht übertragen. Eine gewiß einschneidende Maßnahme.

Es lag nahe, diese französischen Maßnahmen, die von der einheimischen Bevölkerung als Erleichterung und Abkehr vom reinen Besatzungsregime verstanden und sehr begrüßt wurden, auch dahin zu interpretieren, daß eine Annexion der linksrheinischen Lande in Paris wohl doch nicht mehr angestrebt werde. Das wiederum wurde bekräftigt durch Erklärungen des – in den verschiedenen militärischen Auseinandersetzungen mit den Franzosen zwar nicht sonderlich erfolgreichen, aber auch nicht völlig unterlegenen – Kaisers, die Erhaltung der Integrität des Reiches weiter anzustreben. Daß in Geheimverträgen Preußen (Basel 5. April 1795) und Österreich (Campo Formio) längst der Annexion der linken Rheinlande durch Frankreich faktisch zugestimmt hatten, war der Öffentlichkeit nicht bekannt.

Hier setzen in der (gesellschafts-)politisch interessierten und aktivierbaren Bevölkerung nun völlig andere Überlegungen ein: wollte man tatsächlich die Wiederherstellung der alten feudalen Verhältnisse mit Adel und Kirche? Oder wollte man nicht doch teilhaben an der in der Französischen Revolution errungenen neuen Gesellschaft mit Gleichheit und persönlicher Freiheit (wie auch immer dies konkret umsetzbar war und umgesetzt wurde)?

In dieser Situation sah man Ende 1796/Anfang 1797 nicht nur die Alternative: Wiederherstellung der alten Verhältnisse (= Restauration) oder Eingliederung in Frankreich (= Annexion; in französischer Terminologie Reunion). Möglich schien auch die Bildung eines eigenen, selbständigen Staates, dessen Gesellschaftsordnung und Verfassung sich an den Maßstäben der Französischen Revolution orientieren sollte. Als Beispiel konnte die im Januar 1795 gegründete Batavische Republik (Niederlande) genannt werden; in Italien entstanden im Mai/Juli 1797 die Cisalpinische (Mailand – Bologna) und die Ligurische (Genua) Republik, 1798 folgte die Helvetische Republik. Man mag in moderner Terminologie von Satellitenstaaten Frankreichs sprechen, was jedenfalls in unseren Dezennien nicht nur (politische) Abhängigkeit bedeutet, sondern auch eine gemeinsame oder doch vergleichbare Gesellschaftsordnung und Verfassungsstruktur zum Inhalt hat.

Wenn man die Versuche des Jahres 1796/97, in den linksrheinischen Landen eine „Cisrhenanische Republik" zu errichten – sie wurde am 14. September 1797 in Koblenz, am 17. September in Köln und am 22. September in Bonn ausgerufen –, in diese gesamteuropäische Entwicklungsphase einordnet, erhalten sie andere Akzente; die Assoziation zu „Separatismus" wird zumindest relativiert. Und dies, obschon im Rheinland, und nur im Rheinland, die Kontinuität französischer Annexionsziele im Kontext „natürlicher Grenzen" über das ganze 19. Jahrhundert hinweg („Sie sollen ihn nicht haben, den freien deutschen Rhein", 1840) bis in die ersten Jahre nach dem Zweiten Weltkrieg evident ist. Auch das Satelliten-Modell der Proklamation einer „Rheinischen Republik" in Koblenz am 23. Oktober 1923 hat die Idee der „Cisrhenanischen Republik" politisch für seine Zwecke zu nutzen versucht, aber ebenso diskreditiert, wie auch tastende separatistische Ambitionen im ersten Nachkriegsjahr 1945/46 in der französischen Besatzungszone gerade in diesem Kontext von den deutschen Politikern aller Couleurs gesehen wurden und abgelehnt werden mußten.

Ausrufung der Rheinischen Republik vor dem Koblenzer Schloß am 23. Oktober 1923.

General Lazar Hoche hat seinerzeit die Cisrhenanen – von denen im Kontext Mittelrhein hier nur Joseph Görres (geb. Koblenz 25. Januar 1776, gest. München 29. Januar 1848) genannt sei – unterstützt. Doch nicht sein Tod bedeutete das Aus für diesen rheinischen Versuch (wenn auch in diesem Zusammenhang das Gerücht, Hoche sei vergiftet worden, zu nennen ist), sondern der Sieg Napoleons in Italien, der Österreich zum Frieden von Campo Formio zwang, in dem dieses definitiv auf seine linksheinischen/niederländischen Besitzungen verzichtete. So wie Lazar Hoche für eine Cisrhenanische Republik (gewiß als Satellit Frankreichs) eintrat, so hatte sich Napoleon für die „natürlichen" Grenzen Frankreichs entschieden. Hoche und Napoleon waren nicht nur gleichaltrige junge, rivalisierende Generale, sondern auch Vertreter unterschiedlicher (macht-)politischer Konzepte.

Schon vor der völkerrechtlich verbindlichen Abtretung der linken Rheinlande an Frankreich im Frieden von Lunéville vom 9. Februar 1801 war zum 23. Januar 1798 die französische Verwaltungsordnung mit der Bildung der vier rheinischen Departements Roer/Rur (Aachen), Rhein-Mosel (Koblenz), Saar (Trier) und Donnersberg (Mainz) eingeführt worden. Die noch von Hoche verkündete Pressefreiheit gab neben anderen dem „Rothen Blatt" von Joseph Görres den Freiraum politischer Kritik, – wenn es auch dahingestellt sein mag, ob von hier ein Weg hinführt zum „Rheinischen Merkur" (1814/1816), den Napoleon bekanntlich als „Fünfte Großmacht" bezeichnet hat.

Rheinübergänge bei Kaub und Koblenz

1814

Kaub

Im Befreiungskrieg der Völker Europas von der französischen Herrschaft drangen die Truppen der Verbündeten – nach der vernichtenden Niederlage Napoleons in der Völkerschlacht bei Leipzig vom

Preußische Truppen beim Rheinübergang in Kaub. Zeitgenössisches Gemälde.

16. bis 19. Oktober 1813 – weiter nach Westen vor. Dem preußischen Generalfeldmarschall Gebhard Leberecht Blücher von Wahlstatt gelang mit Hilfe einer Pontonbrücke in der Neujahrsnacht 1813 auf 1814 bei Kaub der Übergang über den Rhein.

Dies geschah in den folgenden Tagen auch an anderen Stellen. Kaub ist aber in der glorifizierenden preußisch-deutschen Geschichtsschreibung dieser Befreiungskriege, die wesentlich zur Entstehung und Ausformung eines deutschen Nationalbewußtseins beigetragen haben, letztlich die symbolträchtige Zurückweisung französischer Ansprüche auf die „natürliche Grenze" am Rhein (→ oben General Hoche). Ein Gedenkstein befindet sich zwischen Bacharach und Oberwesel gegenüber der Insel Pfalzgrafenstein/Kaub (→ Heft 5, Burgen).

Koblenz

Es gibt noch eine zweite, andere „Erinnerungs-Inschrift" an diesen Befreiungskrieg, nämlich am klassizistischen Brunnen vor der St. Kastor-Kirche in Koblenz. Dieser Brunnen trägt auf der Vorderseite die Inschrift

A NAPOLEON LE GRAND

und auf der Seite zur Kirche aus der ersten Fassung drei Zeilen

AN MDCCCXII
MEMORABLE PAR LA CAMPAGNE
CONTRE LES RUSSES
SOUS LE PREFECTURA DE JULES DOAZAN

Als Doazan, Präfekt des französischen Rhein-Mosel-Departements mit Sitz in Koblenz, diese Inschrift schreiben ließ, ahnte er gewiß nicht, wie „denkwürdig" dieser Feldzug Napoleons gegen die Russen enden werde. In derselben Neujahrsnacht 1813/14 wie in Kaub gelang russischen Truppen der Übergang bei Koblenz. Der russische General St. Priest sah die Inschrift Doazans und gab Anweisung, sie zu ergänzen. Es sind die unteren drei Zeilen:

VU ET APROUVE PAR NOUS COMMANDANT
RUSSE DE LA VILLE DE COBLENTZ
LE *Ier* JANVIER 1814

„Gesehen und genehmigt". Das war und ist die klassische Formel der französischen Verwaltung. General St. Priest hat die Inschrift Doazans nicht ausmeißeln lassen. Er hat sie mit Geist und Witz ergänzt.

Es sei hinzugefügt, daß danach schon zweimal wieder Franzosen Koblenz besetzten: nach dem Ersten und nach dem Zweiten Weltkrieg. Keiner der Kommandanten hat Anstoß an diesem „denkmal" genommen.

Die Emser Depesche

1870
Bad Ems

In den heftigen internen Kämpfen zwischen liberal-demokratischen und konservativ-monarchistischen Parteiungen in Spanien war, nachdem im September 1868 Königin Isabella II. nach Frankreich geflohen war, im Juni 1869 eine konstitutionelle Monarchie ausgerufen und die Krone dem Erbprinzen Leopold von Hohenzollern-Sigmaringen (geb. 1835, gest.1905), einem katholischen Zweig der Hohenzollern, angetragen worden. Die Annahme dieser Kandidatur wurde von seiten der Hohenzollern durch den Chef des Hauses, König Wilhelm von Preußen, gestattet und politisch insbesondere vom preußischen Ministerpräsidenten (seit 1862) Otto von Bismarck nachdrücklich unter-

Postkarte zur Unterredung König Wilhelms von Preußen mit dem französischen Gesandten Graf Benedetti.

stützt. Frankreich aber, das ohnehin in der namentlich von Bismarck angestrebten Einung Deutschlands unter Preußens Führung eine unmittelbare Bedrohung sah, erkannte in dieser Hohenzollern-Kandidatur eine direkte Umklammerung, wobei historische Erinnerungen an Positionen der Habsburger gewiß eine Rolle spielten. In einer drohenden Erklärung der französischen Kammer vom 6. Juli 1870 wurde die spanische Kandidatur des Prinzen Leopold von Hohenzollen scharf abgelehnt. Fürst Karl Anton von Hohenzollern-Sigmaringen erklärte daraufhin am 12. Juli namens seines Sohnes den Verzicht auf diese Kandidatur. Frankreich genügte dies jedoch nicht: in einer Unterredung zwischen dem in Bad Ems weilenden König Wilhelm von Preußen und dem französischen Gesandten Graf Vincent Benedetti am 13. Juli verlangte dieser namens seiner Regierung eine verbindliche Erklärung des Königs, einer solchen Kandidatur niemals wieder seine Zustimmung zu geben. König Wilhelm wieß dieses ihn brüskierende Ansinnen zurück und lehnte weitere Gespräche ab.

Über diese Unterredung vom 13. Juli 1870 gab der preußische Geheimrat H. Abeken telegraphisch Ministerpräsident Bismarck einen Bericht.

Diese „Emser Depesche" wurde von Bismarck in einer den Wortlaut nicht verändernden, aber durch Kürzungen verschärfenden Fassung am 14. Juli 1870 veröffentlicht. Darin sah Frankreich eine weitere, nicht hinnehmbare Provokation und erklärte am 19. Juli Preußen den Krieg.

Entgegen französischen Erwartungen traten die süddeutschen Staaten (namentlich Bayern, Württemberg, Baden) sofort auf die Seite Preußens und des Norddeutschen Bundes; die Nachbarn Deutschlands blieben neutral. Nach schnellem Vormarsch und erfolgreichen Kämpfen preußischer Truppen mußte die französische Armee am 2. September bei Sedan kapitulieren; Kaiser Napoleon III. wurde gefangen genommen; Paris wurde besetzt. Nach einem Vorfrieden vom 26. Februar 1871 (u. a. die schon von nicht wenigen Zeitgenossen als sehr problematisch verstandene Abtretung von Elsaß und Lothringen an Deutschland) wurde am 10. Mai 1871 in Frankfurt der Friede geschlossen.

Das entscheidende Ergebnis des Krieges war, daß (mit diesem militärischen Sieg und somit gegen den Widerstand Frankreichs) mit der Proklamation König Wilhelms I. von Preußen zum Deutschen Kaiser am 18. Januar 1871 im Spiegelsaal des Schloßes Versailles das („Kleindeutsche") Deutsche Reich unter Preußens Führung gegründet wurde.

In Spanien wählte die Cortes am 16. November 1870 nach der Verzichtserklärung des Prinzen Leopold von Hohenzollern den Herzog Amadeus von Aosta, ein Sohn Viktor Emanuels II. von Italien, zum König Amadeus I., der sich aber nicht behaupten konnte und am 11. Februar 1873 abdanken mußte. Spanien wurde vorübergehend Republik, bis am 29. Dezember 1874 Isabellas Sohn Alfons zum König ausgerufen wurde.

Kaiser Wilhelm I. und Kaiserin Augusta waren auch nach ihrer „Koblenzer Zeit" 1850–1857 (vgl. nachstehend „Viermal Deutsches Eck" Punkt 2) und auch nach 1871 öfter in Bad Ems. Im Kurpark erinnert ein Denkmal des Kaisers und der „Benedetti-Stein" an diese Epoche.

Viermal Deutsches Eck

DIE Wiederherstellung des Kaiser Wilhelm-Denkmals am Deutschen Eck in Koblenz 1993 hat Emotionen geweckt. Politiker bedienten sich für ihre Ablehnung kunsthistorischer Argumente und umgekehrt wetterten Kunsthistoriker gegen das nationalistische Monument. Und es gab auch wenige, die in betont nationalem Denken die Erinnerung an das Deutsche Reich Kaiser Wilhelms wachhalten wollten. Unbefangene Befürworter waren eigentlich nur Koblenzer, die es wieder so haben wollten „wie früher". Und da lag das Problem: wann war „früher"? Es gibt wenige Plätze, die in solcher Verdichtung politische Aussagen verschiedener Generationen „aneinanderreihen".

1216 Deutschorden

1. Da ist zunächst einmal schon der Name: deutsches Eck. Nationalismus, sagen die einen, natürlich gegen Frankreich gerichtet, aggressiv: „Sie sollen ihn nicht haben, den freien deutschen Rhein". Zumindest historisch ist das völlig falsch. An der Landecke (es war eher ein rechter Winkel als eine Spitze), an der Rhein und Mosel zusammenflossen, hatte der Deutsche Ritterorden 1216 eine Komturei errichtet. Ein älteres Hospital war dem Orden als Basis übergeben worden und im Lauf der Jahrhunderte erwarb er an die 20 Höfe an Rhein und Mosel und auf dem Maifeld. Um die

Das Gebäude der Ballei des Deutschen Ritterordens in Koblenz.

Mitte des 13. Jahrhunderts wurde das Haus zu einer der Balleien des Ordens erhoben; als Kammerballei unterstand das Koblenzer Haus selbst seit dem 15. Jahrhundert unmittelbar dem Hochmeister (→ Heft 6, Klöster). Von dieser Niederlassung des Deutschen Ritterordens erhielt der Platz an Rhein und Mosel die Bezeichnung „Deutschen(-Ordens-)Eck – Deutsches Eck". Spätestens seit dem 14. Jahrhundert ist dieser Name so in Gebrauch. Mit Nationalismus hat das gewiß nichts zu tun.

Es mag jedoch reizvoll sein, damit auch an das vielschichtige Wirken des Deutschen Ritterordens im Osten zu erinnern. An Missionierung, an Kolonisation, an Unterdrückung und Annektion, an Vermittlung und Einbindung in den Raum christlich-abendländischer Kultur; es gibt da vielerlei Schattierungen und Akzente. Von der Marienburg könnte die Rede sein und vom Deutsch-Ordens-Staat Preußen, den ein Hohenzoller an sich zog und den dessen Vettern in Brandenburg erbten und sich dann in Königsberg, außerhalb der Grenzen des Deutschen Reiches, zu Königen von Preußen machten. Und dann müßte man wohl auch von der Vertreibung und von Kaliningrad sprechen. Assoziationen am Deutschen Eck . . . Vielleicht doch mit einem deutlich nationalen Akzent?

1897
Denkmal

2. Und dann kommt das „eigentliche" Deutsche Eck, wie es heute jeder kennt. 1897 von der Preußischen Rheinprovinz errichtet; nicht etwa von der Stadt Koblenz; die hätte sich das gar nicht leisten können, selbst wenn sie gewollt hätte. Es ist ein Denkmal für den 1888 gestorbenen Kaiser Wilhelm I., den ersten Kaiser des „wiedergewonnenen" (wie man damals formulierte) und am 30. Januar 1871 (gewiß provokativ in Versailles) proklamierten (Zweiten) Deutschen Reiches. Darauf war man stolz, daran wollte man damals, 1897, erinnern. Die Rheinländer, zumindest im Süden der 1815/22 eingerichteten preußischen Provinz, hätten zwar lieber mit der „süddeutschen Schiene" eine „großdeutsche" Lösung unter Führung der katholischen Habsburger in Wien gesehen, aber um die Jahrhundertwende hatte man sich aktiv mitwirkend mit dem Königreich Preußen und dessen „kleindeutscher" Lösung arrangiert. Das ist gewiß nationales Denken, Wollen und Fühlen. Doch es besteht kein Anlaß, das zu bemänteln, zu beschönigen oder zu entschuldigen. Auch die Vorkämpfer der demokratischen Bewegung in Hambach, in der Frankfurter Paulskirche und in Rastatt wollten wieder einen deutschen Staat, ein Deutsches Reich: freilich mit demokratischer Verfas-

Einweihung des Kaiser Wilhelm-Denkmals 1897.

sung; der Deutsche Bund genügte ihnen nicht: aber die Einheit des Reiches von 1871 entstand dann auf Kosten der Freiheit. Nationales Denken ist eine Bewegung des 19. und 20. Jahrhunderts in ganz Europa; wie wir heute wissen mit vielen Übertreibungen und Irrwegen. Gewiß hat der Enkel Kaisers Wilhelms I. und „Macher" dieses Denkmals in Koblenz von 1897, Kaiser Wilhelm II., nationalere, um nicht zu sagen nationalistische Töne angeschlagen, die zur Konfrontation des Ersten Weltkrieges und damit in das Ende dieses Zweiten Deutschen Reiches führten. Auch das gehört zum Deutschen Eck in Koblenz. Aber 1897, als man dieses Denkmal errichtete, hat man diese Entwicklung gewiß nicht kommen sehen, nicht für möglich gehalten. Das Denkmal von 1897 ist nationaler (aber damit nicht auch aggressiver) Stolz und dankbare Erinnerung an Kaiser Wilhelm I.; und dies mitsamt der Inschrift: „Nimmer wird das Reich zerstöret, wenn ihr einig seid und treu."

Für die Stadt Koblenz hat dieser Kaiser freilich auch noch einen zweiten Aspekt der Erinnerung, nämlich den der fast acht Jahre von 1850 bis 1851, in denen Prinz Wilhelm als Militärgouverneur mit seiner Gemahlin Prinzessin Augusta im Koblenzer Schloß wohnte. Augusta ist nicht Thema dieses Kapitels. Aber neben dem Denkmal Wilhelms I. am Deutschen Ecke sollte man auch das Denkmal am anderen Ende der Rheinanlagen sehen, das die Stadt Koblenz ein Jahr zuvor, 1896, „ihrer" Kaiserin Augusta gesetzt hat. Übrigens von dem selben Architekten Bruno Schmitz, der die Architektur des Kaiser-Wilhelm-Denkmals geschaffen hat; Bildhauer des Augusta-Denkmals ist Friedrich Moest. Die Verehrung dieser noblen alten Dame ist die andere Aussage der Menschen an Rhein und Mosel am Ende dieses 19. Jahrhunderts.

1944
Zerstörung

3. An einem der Märztage des Jahres 1945 kippten Roß und Reiter mitsamt Genius auf dem Deutschen Eck auf die Seite und hingen kopfüber nach unten. Ob durch amerikanische Artillerie, Beschuß eines Jagdfliegers oder auch einfach nur durch den Luftdruck einer Luftmiene mag dahin-

Das zerstörte Denkmal 1945.

gestellt sein. Auch wie der Kaiser „entsorgt" wurde, ist so genau nicht mehr festzustellen; das Metall wurde jedenfalls wiederverwertet. Was blieb, war die aufgeschüttete Landzunge des Ecks und der pompöse Sockel.

Was tun? Schon im August 1946 hatte der französische Militärgouverneur Hettier de Boislambert einen Wettbewerb zur Neu- und Umgestaltung der Denkmalzone ausschreiben lassen. Etwa 100 Architekten haben sich mit ca. 70 Entwürfen beteiligt. Das reicht vom hochragenden Friedens-Denkmal oder einer Marien-Statue über Cafés oder Garten-Restaurants bis hin zur großzügigen Platzgestaltung. Mit der Gründung des Landes Rheinland-Pfalz 1947 blieb diesem die Aufgabe überlassen und schon bald hat man dann auch über eine Wiederherstellung gesprochen, so wie damals allenthalben durch Rekonstruktion des alten Zustandes Trümmer und Zerstörung „beseitigt" wurden und damit letztlich die Erinnerung daran verdrängt werden sollte. Vielleicht war es auch der Versuch, die Schrecken der Zerstörung wegzuwischen, vielleicht auch nur Hilflosigkeit und Unvermögen, Neues zu wagen. Aber daneben gab es auch in vielen Orten die bewußte Erhaltung einer Ruine als Mahnmal und als Memoria, als Erinnerung an die Toten des Krieges.

In Koblenz kam eine Wiederherstellung dieses Monumentes schon aus Kostengründen nicht in Betracht. Die Kölner konnten die wesentlich kleineren Reiterfiguren auf der Hohenzollern-Brücke erneuern; das kleine Land Rheinland-Pfalz oder die Stadt Koblenz in der französischen Besatzungszone hatte andere Sorgen. Aber es kam hier auch hinzu, daß man ein Denkmal der preußischen Epoche nicht wiederherstellen wollte, wobei unerörtert bleiben soll, inwieweit die damals vielfach beteuerte traditionelle antipreußische Gesinnung nicht doch einem leicht verbogenen Erinnerungsvermögen entsprach.

1953 *Mahnmal*

Aus solchen politischen und real wirtschaftlichen Überlegungen fand die Landesregierung von Rheinland-Pfalz mit ihrem Ministerpräsidenten Peter Altmeier die andere Lösung. Die Ruine des

Deutschen Ecks wurde mit der schwarz-rot-goldenen Bundesflagge an Stelle der Reiterstatue des Kaisers zum „Mahnmal der Deutschen Einheit". Bronzetafeln in der Rundung der Mittelzone zeigen die Wappen der Länder, die 1953 die Bundesrepublik Deutschland bildeten, nämlich von links nach rechts Baden-Württemberg, Bayern, Hamburg, Berlin, Niedersachsen, Rheinland-Pfalz, Schleswig-Holstein, Bremen, Nordrhein-Westfalen und Hessen. Hervorzuheben ist, abgesehen von der wohl doch willkürlichen oder auch nur zufälligen Reihenfolge, die Aufnahme (West-)Berlins, dessen Zugehörigkeit zur Bundesrepublik Deutschland zwar von dieser und vom Land (West-)Berlin postuliert, aber von den drei westlichen Besatzungsmächten vorerst suspendiert worden war; die Wappentafel ist insoweit eine für das Jahr 1953 bemerkenswerte politische Aussage der rheinland-pfälzischen Landesregierung. Zwei Tafeln an den beiden Enden der Wappenreihe nennen nur mit den Namen die Länder und Provinzen, die 1953 nicht zur Bundesrepublik gehörten; ganz im Sinne des Grundgesetzes der Bundesrepublik Deutschland, in dessen Präambel es hieß: „Das gesamte deutsche Volk bleibt aufgefordert, in freier Selbstbestimmung die Einheit und Freiheit Deutschlands zu vollenden." Genannt werden (in dieser Formulierung) auf der linken Tafel Thüringen, Sachsen, Saar, Schlesien und auf der rechten Tafel Brandenburg, Pommern, Mecklenburg, Ostpreußen; nach dem Beitritt des Saarlandes zur Bundesrepublik Deutschland zum 1. Januar 1957 wurde unter der linken Namentafel eine kleine Zusatztafel angebracht mit der Feststellung: Das Saarland wurde 1957 in die Bundesrepublik Deutschland eingegliedert.

Dieses „Mahnmal der Deutschen Einheit" wurde am 18. Mai 1953, am Verfassungstag des Landes Rheinland-Pfalz, im Beisein des Bundespräsidenten Theodor Heuss eingeweiht. Knapp einen Monat später wurden von sowjetischen Militäreinheiten die am 17. Juni 1953 an verschiedenen Orten der DDR stattfindenden Demonstrationen und Aufstände blutig niedergeschlagen. Ein

Denkmal der Deutschen der Bundesrepublik Deutschland, des Weststaates, wurde das Deutsche Eck nicht – obschon es kein anderes Mahnmal der Einheit gab, selbst nicht in Bonn. Auch das ist deutsche Geschichte.

Widmung des Deutschen Ecks in Koblenz zum „Mahnmal der deutschen Einheit“ 1953.

In Koblenz gab es auch weiterhin Überlegungen, das alte Kaiser-Wilhelm-Denkmal wiederherzustellen, die aber immer wieder eher an den hohen Kosten als an politischen oder denkmalpflegerischen Argumenten scheiterten. Bis im November 1987 das Ehepaar Dr. Werner und Anneliese Theisen dem Land als dem Eigentümer der Denkmalzone anboten, die Wiederherstellung des Reiterstandbildes zu finanzieren. Die Debatten, die wesentlich von politischen Überlegungen (Vorbehalt gegen eine Wiederbelebung der „Preußenverehrung“, Befürchtung französischer Verstimmungen) bestimmt waren, sind hier nicht darzustellen. Der Kernsatz der Ablehnung der Landesregierung besagte, daß man der Entfernung bzw. der Verdrängung der Bundesflagge als Mahnmal Deutscher Einheit nicht zustimmen könne, solange das Brandenburg Tor in Berlin als Symbol der Teilung Deutschlands geschlossen sei. Als dieses Argument mit dem Fall der Mauer und der Öffnung des Brandenburger Tores hinfällig wurde, gab es dennoch Verzögerungen in der Zustimmung zur Wiederherstellung des Reiterstandsbildes, bis man sich schließlich darauf verständigte, die Denkmalzone der Stadt Koblenz zu übereignen, die dann das Geschenk des Ehepaares Theisen annahm. Am 2. September 1993 wurde der Nachguß des Reiterstandbildes auf den Sockel gesetzt. Am 25. September fand die Einweihung statt. Werner Theisen hat den Tag nicht mehr erlebt; er war am 5. Mai gestorben.

Heute, nach dem Beitritt der Länder der vormaligen DDR, lautet der Passus des Grundgesetzes: „Die Deutschen der Länder . . . (folgen die Namen der jetzt l6 Länder) ... haben in freier Selbstbestimmung die Einheit und Freiheit Deutschlands vollendet. Damit gilt dieses Grundgesetz für das gesamte Deutsche Volk."

Die Mahnmal-Funktion des Denkmals am Deutschen Eck war mit dem Beitritt der Länder der vormaligen DDR am 3. Oktober 1993 überholt. Die Tafeln von 1953 blieben erhalten, auch wenn manche meinten, die Nennung der Namen jener Länder und Provinzen, die nicht mehr zu Deutschland gehören und auf die die Bundesregierung ausdrücklich mit der Anerkennung der bestehenden Grenzen verzichtet hat, könne als Revanchismus verstanden werden. Aber so wie die Rekonstruktion des Reiterstandbildes Kaiser Wilhelms I. nicht etwa Ausdruck wiedererwachter monarchistischer oder gar nationalistischer Gesinnung ist, sondern lediglich die Wiederherstellung einer auch politischen Aussage in einer konkreten historischen Situation am Ende des 19. Jahrhunderts, so sind auch diese Schrifttafeln des Jahres 1953 Dokumente einer konkreten historischen Situation deutscher Geschichte. Geschichte kann man nicht ungeschehen machen, ganz gewiß nicht durch die Entfernung von Spuren, die sie hinterlassen hat.

1992
Einheit

4. In Koblenz hat man aber 1992 versucht, dieses Denkmal am Deutschen Eck noch einmal weiterzuentwickeln. Am 20. Dezember 1992 wurden im Rahmen der Zweitausend-Jahr-Feier der Stadt und im Beisein des Ministerpräsidenten des Landes Rheinland-Pfalz Rudolf Scharping und von Vertretern der (meisten) Länder der Bundesrepublik Deutschland an der Spitze der Landzunge die Bundesflagge und an den beiden Randzonen die

Das Deutsche Eck in Koblenz als Platz der Einheit mit den Flaggen der Bundesrepublik Deutschland und der 16 Bundesländer.

Flaggen der 16 deutschen Bundesländer gehißt. Das Deutsche Eck sollte nun ein Platz der Deutschen Einheit sein.

Auch dieser Vorschlag hat kaum Resonanz gefunden; so wie das Mahnmal der Deutschen Einheit von 1953. Besucher aus den „neuen Ländern" freuen sich, wenn sie ihre Fahne sehen; gewiß. Aber auch für die wiedergewonnene deutsche Einheit haben und wollen wir offenbar kein Denk-Mal. So wie wir 40 Jahre nicht ge- oder ermahnt werden wollten. Vielleicht sollten wir auch darüber einmal nachdenken; im Sinne von Denk-Mal.

1945
Remagen/Erpel

Remagen
Eine Brücke und ein Wiesenlager

Am 7. März 1945 gelang es einer von Norden (Bonn-Meckenheim) nach Remagen vordringenden amerikanischen Truppeneinheit, die durch Bombenangriffe seit Herbst 1944 zwar schwer beschädigte, aber noch intakte Eisenbahnbrücke über den Rhein zwischen Remagen und Erpel zu erobern und über diese Brücke als erste Einheit alliierter Truppen den Rhein zu überqueren und auf dem rechten Rheinufer einen schnell auf die Westerwaldhöhen vorgetriebenen Brückenkopf zu bilden.

Den deutschen Truppen war es in einer Verkettung mehrerer Umstände mißlungen, die Brücke befehlsgemäß vor Ankunft der anrückenden Amerikaner zu sprengen und auch in den nachfolgenden Tagen scheiterten verschiedene Versuche von deutscher Seite, die Brücke zu zerstören; ein von Hitler angeordnetes „fliegendes Standgericht“ verurteilte fünf deutsche Offiziere zum Tode; vier von ihnen wurden sofort nach der Urteilsverkündung erschossen. Die Amerikaner errichteten unweit dieser Brücke eine Ponton-Brücke und sperrten am 12. März die Eisenbahnbrücke, um dringend notwendige Reparaturen durchführen zu können. Doch während dieser Arbeiten stürzte am 17. März die schwere Eisenkonstruktion der Brücke in sich zusammen.

Der Übergang über den Rhein bei Remagen-Erpel am 7. März 1945 war gewiß nicht kriegsentscheidend, aber auch nicht nur von großer psycho-

Die Brücke von Remagen

Trümmer der eingestürzten Brücke von Remagen

logischer Bedeutung. Am 22. März gelang der 3. US-Armee unter General Patton bei Oppenheim und Nierstein (südlich von Mainz) der Übergang über den Rhein und von dort aus der schnelle Vorstoß nach Osten. Am 23. März überschritt die 2. Britische Armee bei Rees und Wesel den (Nieder)-Rhein und leitete damit die – vom Brückenkopf Remagen-Erpel wirksam unterstützte – Bildung des Ruhr-Kessels ein. Zeitlich und in der Motivation synchron zu diesen Kampfhandlungen im Westen des Deutschen Reiches müssen die blutigen Schlachten im Osten an der Oder gesehen werden. Erst zwei Monate später war der Krieg zu Ende.

Die 1911/1918 primär aus militärischen Gründen erbaute und nach General Erich Ludendorff benannte Eisenbahnbrücke Remagen-Erpel bestand aus einem auf zwei Steinpfeilern ruhenden Mittelbogen von 155 Metern Länge und zwei Kastenträgern von je 85 Metern Länge zu den beiden Ufern, mit mächtigen Steintürmen an den beiden Enden. Auf der rechten Rheinseite mündete die Streckenführung in den noch erhaltenen 400 Meter langen, unter der 200 Meter hohen Erpeler Lay (Basaltstäbe; von der Höhe hat man einen herrlichen Blick in das Rheintal) hindurchführenden Tunnel. Die Brücke wurde nach 1945 nicht wieder aufgebaut. Ein Museum auf der Remagener Seite unterrichtet über die Geschichte der Brücke.

+ + + + +

Andernach

Die in der Geschichte der Kriegstage des März 1945 gewiß herausragende historische Stätte „Brücke von Remagen" sollte aber auch an das „Lager" der deutschen Kriegsgefangenen auf den Rheinwiesen der sogenannten „Goldenen Meile" zwischen Remagen und Bad Breisig erinnern, das – wie auch andere „Wiesenlager" – für die zu Tausenden kapitulierenden und damit in Kriegs-Gefangenschaft gehenden deutschen Soldaten insbesondere aus dem „Ruhrkessel" unvorbereitet und damit improvisiert von den Amerikanern eingerichtet wurde. Bis zu 150.000 (männliche und weibliche) Kriegsgefangene vegetierten bei sparsamster Ernährung in selbst gegrabenen Löchern unter freiem Himmel bei Regen und Kälte auf diesen Wiesen. Insgesamt sollen ca. 1,5 Millionen Menschen damals durch diese Lager geschleust worden sein. Über tausend sind bei Bodendorf begraben.

Nach dem Übergang der südlichen Rheinlande als Besatzungszone an Frankreich am 10.Juli 1945 wurde das Lager Remagen aufgelöst; etwa 25.000 Kriegsgefangene wurden in einem vielen Menschen der Rheindörfer und -städte lange in Erinnerung gebliebenen Fußmarsch in ein neues Wiesenlager südlich von Andernach (zwischen dem Rasselstein-Werk und der Bahnlinie) verlegt. Eine 1987 errichtete Kapelle bei Remagen erinnert an das Lager Remagen. In ihr ist eine „Schwarze Madonna" aufgestellt, die der Bildhauer Adolf Wamper (1901–1977) als Gefangener aus Lehm des Lagers angefertigt hat.

Neben den Wiesenlagern Remagen-Bad Breisig und Miesenheim-Andernach gab es noch eine größere Zahl kleinerer und meist nur kürzere Zeit belegter Lager; genannt sei aber noch das große und lange noch bestehende Lager in Bretzenheim (bei Bad Kreuznach; sogenanntes „Feld des Jammers").

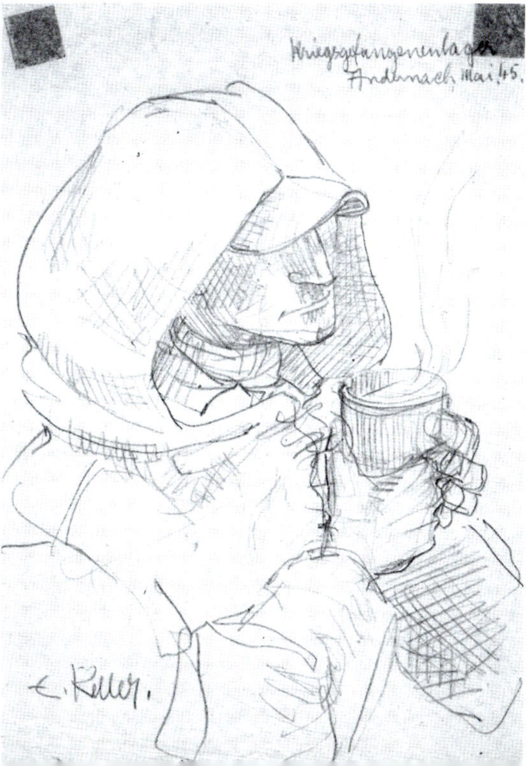

Im Kriegsgefangenenlager auf der Wiese vor Andernach Mai 1945. Zeichnung von Eugen Keller.

1948
Koblenz

Auf dem Weg zur Bundesrepublik Deutschland
Die Koblenzer Rittersturz-Konferenz

Vom 8. bis 10. Juli 1948 tagte im Hotel Rittersturz bei Koblenz eine Konferenz der Ministerpräsidenten der damals elf Länder der amerikanischen, britischen und französischen Besatzungszonen (ohne das wirtschaftlich Frankreich angeschlossene und unter französischer Verwaltung stehende Saarland).

Auf der sogenannten Sechs-Mächte-Konferenz in London vom 23. Februar bis 2. Juni 1948 hatten die drei westlichen Besatzungsmächte USA, Großbritannien und Frankreich sowie Belgien, die Niederlande und Luxemburg über ihre künftige Deutschlandpolitik beraten. Während der Verhandlungen war durch die Währungsreform vom 20. Juni (drei Westzonen) bzw. 23. Juni (sowjetische Zone) und den Beginn der Blockade West-Berlins durch die UdSSR und der als Gegenmaßnahme eingerichten Luftbrücke der Westmächte (Beginn 26. Juni, Dauer bis 12. Mai 1949) eine wesentliche Verschärfung der West-Ost-Spannungen („Kalter Krieg") eingetreten.

Ministerpräsidenten der Westzonen

Obere Reihe von links nach rechts: Altmeier (Rheinland-Pfalz), Arnold (Nordrhein Westfalen), Ehard (Bayern), Kopf (Niedersachsen); untere Reihe von links nach rechts: Lüdemann (Schleswig-Holstein), Maier (Württemberg-Baden), Stock (Hessen), Wohleb (Südbaden). Zeichnungen: Krahé

Acht der an der Rittersturzkonferenz teilnehmenden Ministerpräsidenten. Allgemeine Zeitung Mainz vom 9. Juli 1948

Die Ergebnisse der Londoner Konferenz wurden in drei Punkten den elf Ministerpräsidenten von den drei westlichen Militärgouverneuren am 1. Juli 1948 in Frankfurt bekanntgegeben (daher „Frankfurter Dokumente"). Die Ministerpräsidenten waren aber nicht bereit, sofort dazu Stellung zu nehmen, sondern vereinbarten, am 8. Juli in Koblenz eine gemeinsame Position zu erarbeiten.

Kern der „Frankfurter Dokumente" war die Bildung einer gemeinsamen „Regierungsform des föderalistischen Typs" für die Länder der drei Westzonen. Eine „Verfassungsgebende Versammlung" sollte eine Verfassung ausarbeiten, die einem Referendum mit einfacher Mehrheit von zwei Dritteln der Länder zu unterwerfen sei (Dokument 1). Die derzeitigen Grenzen der Länder sollten überprüft werden können (Dokument 2). Die fortbestehenden Befugnisse der Besatzungsmächte wurden beschrieben (Besatzungsstatut; Dokument 3).

Die Ministerpräsidenten sahen Widersprüche zwischen den Vorgaben zur Verfassung und den Bestimmungen eines Besatzungsstatuts. Vor allem aber befürchteten sie eine Vertiefung der bereits bestehenden und sich weiter abzeichnenden Spaltung zwischen den drei westlichen und der sowjetischen Besatzungszone und damit Deutschlands und waren daher bemüht, den provisorischen Charakter einer nun zu bildenden – und auch von ihnen insbesondere zur wirtschaftlichen Konsolidierung ihrer Länder erwünschten – gemeinsamen Regierung zu unterstreichen. Die Erarbeitung einer Verfassung sollte daher als gesamtdeutsche Aufgabe jetzt zurückgestellt werden; lediglich ein „Grundgesetz" (dieser Name ist in Koblenz aufgekommen) sollte die einheitliche Verwaltung der drei Westzonen regeln. Deshalb war auch eine „verfassungsgebende Versammlung" nicht erwünscht.

Die drei westlichen Militärgouverneure bestanden angesichts der sich zuspitzenden politischen Gesamtlage auf einem Zuammenschluß der Länder ihrer Zonen. In Konferenzen auf dem Jagdschloß Niederwald bei Rüdesheim (15. und 21./22. Juli) und in Frankfurt (20. und 26. Juli) wurde

Die 1978 auf dem Rittersturz-Plateau aufgestellte dreigliedrige Stele.

schließlich – auch im Interesse des sehr gefährdeten West-Berlin – ein Konsens gefunden.

Vom 10. bis 23. August erarbeitete auf Herrenchiemsee ein aus je zwei Sachverständigen jedes Landes gebildeter „Verfassungskonvent" eine Arbeitsgrundlage für einen am 1. September in Bonn zusammentretenden „Parlamentarischen Rat", dessen Mitglieder von den Landtagen der Länder gewählt worden waren. Dieser erarbeitete das „Grundgesetz", das am 8. Mai 1949 angenommen wurde und nach Ratifizierung durch die Landtage der Länder (mit Ausnahme von Bayern) am 23. Mai 1949 in Kraft trat. Die Bundesrepublik Deutschland war damit von den Ländern gebildet. Am 14. August fanden die ersten Wahlen zum Deutschen Bundestag statt.

Die Konferenz auf dem Rittersturz bei Koblenz steht am Beginn dieser Verhandlungen, Beschlüsse und Vereinbarungen. Die das staatliche Leben der Bundesrepublik Deutschland grundlegend prägenden Entscheidungen dieser Konferenzen sind das Bekenntnis zur demokratischen Gesellschaftsordnung sowie die Ablehnung eines Zentralstaates und die Einrichtuung einer föderalen Ordnung der Gemeinschaft auf der Basis der 1946/47 neu gebildeten, aber auch veränderbaren (Bundes-) Länder und schließlich die Betonung des provisorischen Charakters dieses Staates, der nicht nur offen sein sollte für eine Vereinigung mit den derzeit nicht dazugehörenden deutschen Ländern, sondern dem als Verpflichtung und Staatsziel die Wiedervereinigung aufgegeben war.

Das Hotel Rittersturz wurde wegen der Gefahr eines (freilich dann doch nicht erfolgenden) Absturzes des Felsens, an dessen Rand das Hotel stand, 1973 abgebrochen. Zum 30. Jahrestag der Koblenzer Konferenz wurde am 8. Juli 1978 mit einer von dem Koblenzer Bildhauer Rudi Scheuermann geschaffenen dreigliedrigen Stele, Symbol der drei Besatzungszonen, eine Erinnerungsstätte vom rheinland-pfälzischen Landtagspräsidenten Albrecht Martin eingeweiht.

Des 40. Jahrestages 1979 wurde mit Teilnahme zahlreicher Vertreter der Länder (nun einschließlich des 1957 der Bundesrepublik Deutschland beigetretenen Saarlandes) und des Deutschen Bundestages im Koblenzer Theater und im Koblenzer Schloß gedacht. Am 50. Jahrestag 1989 nahmen am Festakt im Koblenzer Schloß neben der Mehrzahl der Ministerpräsidenten der „Gründerländer" jetzt auch vier der fünf Ministerpräsidenten der Länder der vormaligen sowjetischen Besatzungszone bzw. der Deutschen Demokratischen Republik teil: als Dokumentation des wieder geeinten Deutschlands sowie als Bekenntnis zur föderalen Ordnung des Staates und zu dem auf dem Rittersturz in seiner Grundstruktur angedachten und vereinbarten und dann auch über den Prozeß der Wiedervereinigung fortbestehenden, aber auch weiterentwickelten und von allen anerkannten und mitgetragenen „Grundgesetz für die Bundesrepublik Deutschland".

Ahrbrück

Ermländer an der Ahr

1936/38

A. Luftwaffenübungsplatz Ahrbrück

Im Dezember 1936 wurde bekannt, daß die Luftwaffe einen Übungsplatz an der Ahr in der Nähe von Fronrath und in dem Gebiet der umliegenden Dörfer plane, dort wo 1934 schon einmal von der Errichtung einer Segelflugschule die Rede gewesen war, damals freilich unter dem Gesichtspunkt einer Strukturverbesserung der eher ärmlichen bäuerlichen Landschaft. Seit April bestand Gewißheit, daß wahrscheinlich 12 Dörfer mit einer Fläche von 8304 ha geräumt und rund 2200 Einwohner in 410 Familien „umgesiedelt" und das hieß gezwungen werden sollten, ihre Dörfer zu verlassen. Am 27. November 1937 wurden (vorläufige) Räumungstermine bekannt gegeben, nämlich zum 1. März 1938 für Denn (= heute Ahrbrück), Cassel, Fronrath, Herschbach, Watzel und Weidenbach, zum 1. Juli 1938 für Nieder- und Ober-Heckenbach, zum 1. November 1938 für Lederbach und zum 1. Mai 1939 für Blasweiler mit Beilstein und Kaltenborn. Seit Mai 1940 gab es Pläne einer Erweiterung der Areals um Kesseling und Staffel sowie Teile von Ramersbach, die aber 1942 wegen der Kriegslage zurückgestellt wurden. Die Räumung erfolgte

Sie müssen ihr Dorf verlassen. 1938

nicht exakt zu den genannten Daten. Cassel, Fronrath und Watzel waren bis zum 1. November 1938 vollständig geräumt, Blasweiler (mit Beilstein) am 23. Dezember 1939 als letztes der genannten Dörfer.

Die Bewohner wurden finanziell entschädigt. Eine geschlossene Umsiedlung, die die Gemeinschaft hätte erhalten und damit die Aufgabe der Heimat erleichtern können und die auch vom Trierer Bischof Bornewasser bei der Wehrmachtsführung angeregt worden war, unterblieb. Nur 36% der ehemaligen Bewohner fanden eine neue Bleibe in den Kreisen Ahrweiler und Mayen. Die Mehrzahl zog weiter weg, namentlich in Industriegebiete (was auch als Zeichen der Landflucht gesehen werden muß). In der Schulchronik von Herschbach ist dazu notiert: „Das Dorf wird nicht geschlossen gesiedelt, sondern jeder kann hinziehen, wohin er will. Bei geschlossener Siedlung wäre die Sache für die Leute leichter. Wenn Kirche, Schule, Kloster und Lehrer mitgingen, dann wäre wieder ein Angelpunkt da, und die Heimat wäre schon eher zu finden. Ist man aber allein und dann überall fremd, so ist die Sache schwer. Jeder von uns verläßt seinen Heimatboden, sein Feld, seine Wiese, seinen Wald und seine Berge und sieht sie nie wieder. Hier haben wir 30, 40, 60 und noch mehr Jahre gearbeitet und hatten ein gutes Auskommen. Hier liegen unsere Toten, die wir zurücklassen müssen. Das tut alles bestimmt in der innersten Seele weh. Jetzt sich in andere Verhältnisse einleben, das dauert lange. Das kann alles nur einer verstehen, den es selbst betrifft . . ."

Schon bald nach der Räumung der einzelnen Dörfer begannen die Übungen der Luftwaffe und namentlich der Flak, bei denen viele Gebäude zerstört oder doch schwer beschädigt wurden. Das Gelände verwilderte; Ackerflächen wurden aufgeforstet, Straßen und Wege zerbrachen.

Nach Kriegsende diente das Areal zunächst der Besatzung als Jagdrevier; Generalgouverneur Hettier du Boislambert war bekannt als ein großer Jäger. Es wurden sogar eigens für seine Jagd Muffions ausgesetzt.

Doch mit einer Verfügung vom 13. November 1946 verzichtete die Besatzung auf eine weitere Nutzung des Areals und gab es zur Wiederbesiedlung frei. Es wurden ein „Siedlungsverband Ahrbrück" und die „Landsiedlung Rheinland-Pfalz" gegründet, eine umfassende Flurbereinigung zur Gewinnung größerer und damit wirtschaftlicher zu bebauender Parzellen eingeleitet und den ehemaligen Bewohnern die Rücksiedlung in ihre früheren Dörfer angeboten. Anfang 1947 hatten sich aber erst zwölf Familien für eine Rückkehr gemeldet; im April kehrten vier Familien nach Blasweiler und Kaltenborn zurück. Doch die Wiedergewinnung des verwilderten Acker- und Weidelandes schien zu mühsam. 1950 lebten wieder 66 Rücksiedler-Familien in den Dörfern, namentlich in Ahrbrück (früher Denn), darunter aber von vormals 290 nur 17 Landwirte; die übrigen suchten Berufe als Handwerker, Waldarbeiter und in Dienstleistungen. Eine Rekonstruktion der früheren, nicht einmal zehn bis zwölf Jahre zurückliegenden landwirtschaftlichen Verhältnisse mit den früheren Bewohnern war also nicht möglich.

1950

B. Ansiedlung der Ermländer

In dieser Situation bahnten sich andere Entwicklungen und Motivationen an. Die französische Militärregierung hatte zunächst aus außenpolitischen und ökonomischen Beweggründen die Aufnahme von Flüchtlingen und Vertriebenen aus den deutschen Ostgebieten abgelehnt. Diese Politik der Abschottung der Zone wurde von den provisorischen deutschen Verwaltungen und dann auch der rheinland-pfälzischen Landesregierung mitgetragen. Anderseits drängte die dänische Regierug bei den westlichen Besatzungsmächten, die Ende 1944/Anfang 1945 vornehmlich zu Schiff über die Ostsee aus Danzig und Ostpreußen nach Dänemark geflohenen und seither dort meist in Lagern lebenden Menschen in ihre Zonen aufzunehmen. So mußte auch die französische Militärregierung schließlich zustimmen, ein Kontingent

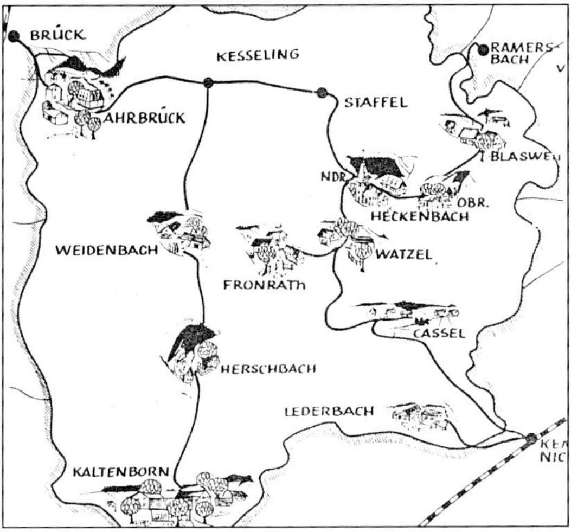

„Dänemarkflüchtlinge" aufzunehmen. Und schließlich war von kirchlich-katholischer Seite der Wunsch geäußert worden, tunlichst gleichkonfessionelle, und das hieß hier: katholische Flüchtlinge und Vertriebe anzusiedeln, um bisher geschlossene konfessionelle Strukturen zu erhalten.

In diesem Kontext muß man Kontakte und Gespräche sehen, in denen auf verschiedenen Ebenen, namentlich über die katholische Caritas, seit Ende 1949 eine Aufnahme von Flüchtlingen aus dem ostpreußischen (katholischen) Ermland, die zu diesem Zeitpunkt überwiegend in Dörfern Schleswig-Holsteins eine Bleibe gefunden hatten, erwogen wurde. Am 6. Februar 1950 fand ein erstes Gespräch vor Ort in Ahrbrück mit dem Ergebnis statt, daß man vornehmlich vertriebenen Ermländern eine Ansiedlung im Gelände des ehemaligen Luftwaffenübungsplatzes Ahrbrück anbieten wollte. Es meldeten sich 800 Siedlungswillige. Bei der Auswahl hatten kinderreiche Familien Vorrang. Angestrebt wurde ausdrücklich eine christlich orientierte Siedlergemeinschaft mit möglichst konfessionell und landsmannschaftlich geschlossener Struktur.

Dann ging alles sehr schnell: am 13. April 1950 trafen 65 Famlien aus Itzehoe kommend auf dem Bahnhof Brück/Ahr ein. Für Hausrat und Vieh benötigten sie lediglich 22 Waggons. Unterkunft fanden sie zunächst in drei Baracken der ehemaligen Luftwaffe und bei den Bauern der umliegenden

Dörfer. In Berichten und Erzählungen wird die Hilfe des Landes und des Landkreises, aber mehr noch das große Verständnis und die Hilfsbereitschaft der einheimischen Bevölkerung genannt. Die Winzer der Ahr spendierten zur Begrüßung 700 Flaschen Wein.

Die weitere Geschichte der mühsamen Rodungen, des Baues von Wohnungen, Stallungen und Betriebsgebäuden, vom Wegebau und der Anlage von Wasserleitungen ist hier nicht zu schildern. Der Anfang gelang, aber ebenso die Weiterentwicklung mit einer Modernisierung der Landwirtschaft, mit beachtlichen Erfolgen in der Viehzucht, mit wirtschaftlicher Umstrukturierung über nun fast 50 Jahre hin. Dazu nur noch einige Angaben über die ersten Siedler.

443 der Siedler in Ahrbrück hatten folgende Fluchtwege aus ihren Heimatgebieten, vornehmlich aus dem Ermland:
176 kamen mit Pferdetrecks über Pommern und Mecklenburg nach Schleswig-Holstein

Ankunft der Neusiedler mit ihrer Habe. 1950

112 waren mit der Eisenbahn geflohen
63 flohen mit Schiffen, meist erst nach Dänemark
68 waren zur Zeit der Flucht ihrer Angehörigen Soldaten in der deutschen Wehrmacht und kamen nach ihrer Entlassung aus Gefangenschaft hinzu
24 wurden erst nach der Besetzung ihrer Heimat durch Russen oder Polen vertrieben.

1950 lebten nach Herkunft und Alter unterschieden folgende Umsiedler im Siedlungsbereich Ahrbrück:

Herkunft	insgesamt	davon unter 16 Jahre	davon über 50 Jahre alt
Ermland	362	144	55
übriges Ostpreußen	11	5	-
Westpreußen	74	34	5
Sudetenland	4	2	-
Oberschlesien	3	-	2
Summe	454	185	62

Es gab keinen Single-Haushalt, aber 18 Sechs-Personen-, 2 Zehn-Personen- und 3 Elf-Personen-Haushalte.

Die sudetendeutsche Gruppe wurde 1951 durch Ansiedlung einer Fabrikationsstätte der Gablonzer Glasindustrie stärker.

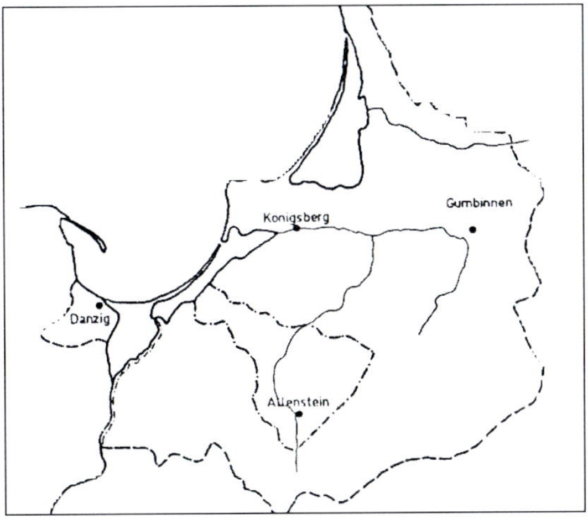

Ostpreußen mit dem Ermland

An Inventar brachten die ersten Umsiedler lediglich u. a. 18 Pferde, 15 Schweine, 235 Hühner, 12 Bienenvölker, 16 Ackerwagen und 4 Pflüge mit.

1960 lebten im gesamten Siedlungsgebiet 1.081 Menschen, davon kamen 429 aus dem Ermland, 75 aus dem übrigen Ost- und aus Westpreußen, 96 aus Schlesien, 45 aus dem Sudentenland, 37 aus Mitteldeutschland, 306 aus dem Rheinland, vornehmlich aus der Eifel, 93 aus anderen Landesteilen.

Eine ähnliche, aber kleinere Vertriebenen-Siedlung ist Hünenfeld in der Gemeinde Waldesch südwestlich von Koblenz.

Lit.: *Ulrich Tolksdorf, Volksleben in den Ermländersiedlungen der Eifel. Schriftenreihe der Kommission für ostdeutsche Volkskunde in der Deutschen Gesellschaft für Volkskunde Bd 4. 1967. – Michael Sommer, Flüchtlinge und Vertriebene in Rheinland-Pfalz. Aufnahme, Unterbringung und Eingliederung. Veröffentlichungen der Kommission des Landtages für die Geschichte des Landes Rheinland-Pfalz Bd 15. 1990. – Helmut Neubach, Aufnahme, Eingliederung und Leistung der Vertriebenen. In: Beiträge zu 50 Jahren Geschichte des Landes Rheinland-Pfalz, hrsg. von Heinz-Günther Borck. Veröffentlichungen der Landesarchivverwaltung Rheinland-Pfalz Bd 73. 1997 S. 499–533.*

1985
Hasselbach/Kastellaun

96 Cruise-Missiles auf Pydna bei Hasselbach

RHEINLAND-PFALZ als „Flugzeugträger der NATO" im Kalten Krieg zwischen Ost und West; auch das ist ein Teil der Geschichte dieses jungen Bundeslandes. Die Stationierung insbesondere amerikanischen Militärs mit gewaltigen Flugplätzen (Air-Base) – namentlich in Zweibrücken, Ramstein, Baumholder, Bitburg, Spang-Dahlem und Hahn –, mit Munitionslagern aller Kategorien und Raketen-Abschußbasen, mit Kasernen und dazugehörenden Wohnsiedlungen für die Soldaten, das Bedienungspersonal und deren Angehörige, mit einer vielseitigen Infrastruktur, auch der Freizeitgestaltung und des Amüsements, all das hat über

Jahrzehnte hin das Land in seiner wirtschaftlichen und auch in seiner gesellschaftlichen Entwicklung geprägt. Mit positiven und mit negativen Aspekten, Erscheinungen und Folgen.

Aus der Vielzahl der Hinterlassenschaften dieser Epoche soll ein Komplex genannt sein, nicht zuletzt auch deshalb, weil eine realistische Chance zu bestehen scheint, hier ein Ausstellungs-, Dokumentations- und Informationszentrum des „Kalten Krieges" in der zweiten Hälfte des 20. Jahrhunderts zu errichten: Die US-Raketenstation PYDNA bei Hasselbach im Hunsrück. Nicht nur die Ringwälle einer keltischen Fluchtburg, eine chinesische oder deutsche Mauer, ein römischer Grenzwall („Limes"), eine Maginot-Linie oder ein Westwall, mittelalterliche Höhen- oder Wasserburgen und frühneuzeitliche Festungsanlagen sind Zeugnisse und mahnende Erinnerung unserer Vergangenheit, unserer Geschichte. Auch die PYDNA bei Hasselbach kann dazu gehören. Wir zitieren aus einem Gutachten der Oberfinanzdirektion/Bundesvermögensstelle Koblenz:

Die Raketenstation Pydna

Die bundeseigene Liegenschaft „PYDNA" (so benannt nach einer antiken Stadt in Makedonien) liegt nahe Hasselbach in einem Waldgebiet an der

Hunsrück-Höhenstraße, 3 km südwestlich von Kastellaun. Es handelt sich um ein 37 ha großes Areal mit einem Unterkunftsbereich, einem Verwaltungs- und Unterstütungsbereich (Hallen, Werkstätten) und dem eigentlichen Sicherheitsbereich mit sechs Schutzbauten (Bunkern) . . .

Auf dem Gelände sollte 1938 zunächst ein Feldflugplatz angelegt werden. Hierzu kam es jedoch nicht. Das Grundstück lag mehrere Jahre brach und wurde schließlich wieder aufgeforstet . . . Zwischen 1961 und 1966 nutzte das 38. Taktische Flugkörpergeschwader der US-Luftwaffe das Areal. In dieser Zeit waren auf dem Gelände Raketen des Typs „Matador" und „Nike" stationiert. Nach Auflösung dieser Einheit stand die Liegenschaft nahezu 20 Jahre (1966 bis 1983) leer.

Ende der 70er Jahre wurde in den damaligen Warschauer-Pakt-Staaten eine größere Anzahl von strategischen Mittelstrecken-Raketen (SS 20) stationiert. Als Reaktion hierauf faßte die NATO am 12. Dezember 1970 den Beschluß, ebenfalls atomar bestückte Mittelstrecken-Raken in Europa zu stationiern. Mit dieser als sogenanntem NATO-Doppelbeschluß in die Geschichte eingegangenen Entscheidung sollte durch die Nachrüstung der NATO das Gleichgewicht der Atomwaffen wiederhergestellt und parallel mit der Stationierung sollten Verhandlungen über den Abbau der Mittelstrecken-Raketen geführt werden.

Am 20. November 1983 stimmte der Deutsche Bundestag der Stationierung von atomaren Mittelstrecken-Raketen in Deutschland zu. Daraufhin wurde das Lager Hasselbach von 1984 bis 1986 ausgebaut. Zwischen 1985 und 1990 wurden alle 96 für Deutschland bestimmten Marschflugkörper (Cruise-Missiles) auf der PYDNA stationiert, d.h. das Gelände war in der Bundesrepublik Deutschland der einzige Standort für dieses Waffensystem. Die Errichtung der sechs Schutzbauten für die Lagerung dieser Raketen kostete rund 60 Mio. DM.

Die Stationierung der Cruise-Missiles war politisch heftig umstritten. Es bildete sich Widerstand gegen sie weit über die Region des Hunsrücks hinaus in der gesamten Bundesrepublik. Anhänger der Friedenbewegung organisierten Aktionen, Demonstrationen und Ostermärsche und drohten mit der Besetzung von Kasernentoren und Baustelleneinfahrten. Unfern der Hunsrück-Höhenstraße wurden 96 Holzkreuze – für jede Rakete eines – aufgestellt.

Am 16. Oktober 1986 – am selben Tag fanden Großdemonstrationen der Friedensinitiativen auf dem Marktplatz der Gemeinde Bell unweit der PYDNA statt – trafen sich der Generalsekretär der KPdSU Michael Gorbatschow und der Präsidet der USA Ronald Reagan in Reykjavik zu einem Meinungsaustausch, der die Abkehr der Supermächte vom Wettrüsten einleitete. Die nun zwischen den USA und der UdSSR aufgenommenen Abrüstungsverhandlungen führten am 8. Dezember 1987 zum Abschluß des INF-Vertrages (Intermediate Range Nuclear Forces) über die Beseitigung der atomar bestückten Flugkörper mittlerer und kürzerer Reichweite. Zwischen Dezember 1987 und Mitte 1990 wurden alle 96 Mittelstrecken-Raketen von der PYDNA abgezogen und verschrottet. Im Mai 1994 wurde die von den US-Streitkräften geräumte Liegenschaft dem Allgemeinen Grundvermögen des Bundes wieder zugeführt.

Abbildungsnachweis

Einband und Seite 72 Foto G. Juraschek Urmitz.
Seite 11 und 12 aus Geschichtlicher Handatlas der deutschen Länder am Rhein. 1950 S. 9 und 17
Seite 17 aus H. Prößler, Mayen-Koblenz. Portrait eines Landkreises. 1980 S. 41
Seite 19 und 21 aus Lebendiges Rheinland-Pfalz 32 Heft 3/4. 1995 S. 20 u. 21
Seite 26 und 52 aus Rheinsiche Lebensbilder 12. 191, nach S. 32 und 5, 1973 nach S. 32
Seite 28, 38, 45 und 64 Landesmedienzentrum Rheinland-Pfalz, Koblenz
Seite 32 aus Atlas zur Kirchengeschichte (Herder). 1970 S. 60
Seite 36 aus 150 Jahre Bistum Limburg. 1977 nach S. 8
Seite 42, 47, 58, 66, 70 Landeshauptarchiv Koblenz
Seite 43 Stadtbibliothek Trier Hs. 1139/65
Seite 49 aus Rheinische Kunststätten 8/1975 S. 8
Seite 50 aus A. Meinhardt, Neuwied einst und heute. 1978 S. 42
Seite 55 aus Sabine Teubner-Schoebel, Die Verbandsgemeinde Weißenthurm. 1992 S. 61
Seite 60 Museum der Stadt Kaub
Seite 67 Mittelrhein-Museum Koblenz
Seite 73 aus Damals und heute. Die Überquerung des Rheins. 1985 S. 5 u. 9
Seite 75 aus Die deutschen Kriegsgefangenenlager in Andernach und Miesenheim 1945. Ausstellung 1991 S. 29
Seite 76 und 78 aus Katalog Rittersturzkonferenz. 1988 S. 75 u. 83
Seite 80 und 84 Bildarchiv Medienzentrum Kreis Ahrweiler
Seite 82 aus 25 Jahre Ermländische Siedlergemeinschaft Ahrbrück. 1975 S. 7
Seite 85 aus U. Tolksdorf, Volksleben in den Ermländersiedlungen der Eifel S. 37
Seite 87 Oberfinanzdirektion Koblenz/Bundesvermögensverwaltung

Ortsregister

Wegweiser

Mittelrhein